Liberdade Financeira Ayurvédica: Insights de Minha Jornada

Diego Tresinari
Centro de Estudos Financeiros/Centro de Estudos Ayurvédicos,
Pesquisador (Engenharia Econômica/Ciência e Tecnologia de Alimentos)
Campinas-SP, Brasil
E-mail: diego_tresinari@yahoo.com.br
WhatsApp: +55.19.99805.0484
https://www.centrodeestudosfinanceiros.com.br

Palavras-chave: Economia; Ayurveda; Independência Financeira; Finanças Pessoais; Investimentos; Autoconhecimento; Dinheiro

QUEM SOU EU (Diego Tresinari):

Sou investidor dos mercados imobiliários e financeiro (Investidor Qualificado segundo instrução CVM 554/2014) desde 2008. Fui Pesquisador Colaborador na Unicamp (2011-2019) tendo realizado pós-doutorado na Suíça (2013) e Espanha (2016) na área de Engenharia Econômica. Adicionalmente, durante minha carreira acadêmica-científica contribui com a formação de diversos pesquisadores e ministrei cursos de extensão universitária sobre finanças pessoais na Unicamp. Em março de 2019 fundei o Centro de Estudos Financeiros (Consultoria Financeira Independente) e Centro de Estudos Ayurvédicos (Alimentação Saudável, Reeducação e Ayurveda) (https://www.centrodeestudosfinanceiros.com.br)

Resumé Acadêmico

Diego Tresinari desde 2004 vem desenvolvendo atividades de pesquisa, desenvolvimento e inovação. Ele possui graduação em Engenharia Química pela Universidade de São Paulo (USP) (2003-2008) e doutorado em Engenharia de Alimentos (Área Ciência e Tecnologia de Alimentos) pela Universidade Estadual de Campinas (UNICAMP) (2008-2011) (doutorado direto com período sanduíche no exterior). Atuou como Pesquisador Colaborador da Faculdade de Engenharia de Alimentos/UNICAMP (2011-

2019) e como Membro Fundador da Comissão Gestora dos Equipamentos Multiusuários do Instituto Federal de Educação, Ciência e Tecnologia de São Paulo,Campus Capivari, tendo realizado estágio pós-doutoral no exterior na área de Engenharia Econômica na École Polytechnique Fédérale de Lausanne (Suíça) (05-2013/04-2014) e na Universidad de Valladolid (Espanha) (01-2016/12-2016). Adicionalmente, realizou estágios acadêmicos internacionais de curta duração na Universidad de Chile (Chile), na Dublin City University (Irlanda) e no CONICET-Bahía Blanca (Argentina). Recebeu 16 prêmios, destacando-se o Prêmio Capes de Tese 2012, o Leopold Hartman pela Sociedade Brasileira de Ciência e Tecnologia de Alimentos (SCBTA) e o de Mérito Científico (no COBEQ 2005) pela Associação Brasileira de Engenharia Química (ABEQ), saindo em mais 25 notícas/comentários/entrevistas na mídia. Atuou como membro do corpo editorial para 21 periódicos internacionais publicados em diferentes editoras (Elsevier, Springer Nature, Bentham Science, etc.) sendo Founder Editor-in-Chief do Internacional Journal of Applied Chemistry and Chemical Engineering e como revisor para 70, bem como revisor de projetos e membro de comitê de assessoramento de diversas agências de fomento nacionais e internacionais, destacando-se a National Science Center (Polônia). Publicou 85 artigos em periódicos especializados, 41 capítulos de livro (Índice-h = 23) e mais de 125 trabalhos em anais de eventos científicos; realizou mais de 135 pareceres técnicos. Participou de mais de 45 projetos de pesquisa, desenvolvimento tecnológico e extensão, tendo participado de atividades de empreendedorismo e transferência de tecnologia para o ambiente produtivo e social [Organização de empresas inovadoras, destacando-se à participação nos meses iniciais de criação da Startup FEXTRAT e consultorias/assessorias, destacando-se às realizadas para o Instituto Vita Nova, braço de pesquisa e inovação da empresa EMS e para a empresa Natura]. Participou de mais de 75 eventos no Brasil e no exterior, atuando na organização de 7 destes e sendo membro do comitê científico para 5. Participou na orientação de 2 teses de Doutorado, 6 dissertações de Mestrado, 2 trabalhos de Iniciação Cientifica, 1 trabalho de conclusão de curso de Graduação e outros 7 trabalhos acadêmicos de curta duração nas áreas de Engenharia Química, Ciência e Tecnologia de Alimentos e Engenharia Econômica. Desenvolveu 11 processos/produtos de inovação tecnológica e possui 2 patentes de invenção [patente requerida ao INPI e IPI (Suiça)]. É autor de 9 livros, destacando-se os intitulados Antisolvent Precipitation Process e Supercritical Fluid Biorefining (ambos da Springer) e foi Guest Editor para 2 edições especiais: uma para o International Journal of Chemical Engineering (sendo Lead Editor) e outra para o Journal of Chemistry (ambos da Hindawi). Mantém colaboração científica com diversas Universidades do país e estrangeiras tais como: The Energy and Research Institute Northeastern Regional Centre/India, Universidad de Carabo/Venezuela; Universidad Técnica de Machala/Equador; James Cook University/Austrália; Universidad de Antioquia/Colômbia; Universidade Federal do Rio Grande do Norte; Universidade Estadual de Feira de Santana; Universidade Federal de Ouro Preto, entre outras. Em seu Currículo os termos mais freqüentes, na contextualização da produção cientica e tecnológica são: Compostos Bioativos, Plantas Medicinais, Produtos Naturais, Biorefinaria, Avaliação Econômica (http://lattes.cnpq.br/2702529760353164).

Sumário

Introdução   8

Liberdade Financeira: Passos Da Jornada   12

Conhece-te a Ti Mesmo   20

A Que Biotipo Você Pertence?   29

Definindo Sua Estratégia de Projeto De Liberdade Financeira   39

Liberdade Através Do Dinheiro Versus Liberdade Do Dinheiro   63

Insights De Minha Jornada pela Liberdade Financeira: Use os Juros Compostos a Seu Favor   70

Insights de Minha Jornada pela Liberdade Financeira: Investir Pensando na Liberdade Financeira   80

Insights de Minha Jornada pela Liberdade Financeira: Defina Seu Estilo De Vida   87

Insights de Minha Jornada pela Liberdade Financeira: Definir uma Taxa Segura de Retirada   98

Anti-Diretrizes para Realizar uma Jornada pela Liberdade Financeira Ayurvédica   **104**

Centro de Estudos Ayurvédicos (Alimentação e Ayurveda, Brasil) (www.facebook.com/centrodeestudosayurvedicos) 108

Centro De Estudos Financeiros (Consultoria Financeira Independente) (www.facebook.com/centrodeestudosfinanceiros) 110

Outros livros: Ayurvedic Financial Freedom: Insights From My Wealth Journey (Edição em Inglês) 119

Outros livros: Ações com Lucidez: a Saga de um Investidor Iniciante na Bolsa de Valores 121

OUTROS LIVROS – Investidor-Trader Lúcido: Acabando com a Polarização no Mundo dos Investimentos 122

SÉRIE DE LIVROS NA AMAZON– Investimentos com Lucidez 124

Introdução

Caro leitor, em primeiro lugar, é um prazer que você decidiu ler este livro. Eu pensei na elaboração deste por muitos anos. Para ser mais preciso, desde que comecei minha jornada pela liberdade financeira em 2008 acompanhado pela minha namorada, atualmente minha esposa. Se você não está familiarizado com a terminologia "liberdade financeira", não se preocupe, porque esta será explicada mais adiante. Em poucas palavras, liberdade financeira é o ponto em que você não precisa mais trabalhar, pois a renda que você recebe dos seus investimentos é suficiente para pagar todas as suas despesas mensais.

Hoje minha esposa e eu temos uma família com 3 filhos e alcançamos o ponto de liberdade financeira há alguns cerca de dois anos atrás (2015). Portanto, minha idéia com este livro é apresentar a você as percepções que tivemos durante nossa jornada pela liberdade financeira.

Com o objetivo de entretê-lo, além de lhe proporcionar uma melhoria de sua educação financeira, eu tentarei dar o meu melhor falando sobre alguns aspectos de nossa vida que podem ajudá-lo. Nesses aproximadamente 12 anos, passamos por várias situações interessantes que tenho certeza que você gostaria de saber. Somos um casal brasileiro de 34 anos e já visitamos mais de 20 países ao longo desses anos, passando 4 curtos períodos entre 2-3 meses e 1 ano morando na Europa.

Antes de começar a contar nossa história de forma cronológica, gostaria de falar sobre os últimos fatos que me levaram a escrever este livro. Comecei a escrever este livro em 1º de outubro de 2017 e, exatamente uma semana antes, estava em um Workshop sobre Finanças com grandes especialistas internacionais. Foi minha primeira conferência sobre o assunto, minha esposa e eu somos pesquisadores científicos em uma universidade no Brasil, tendo nossos títulos de doutorado na área de Ciências Exatas, assim que eu estou muito acostumado a ir a conferências, porém a conferências acadêmicas chatas. Digo chatas porque agora posso comparar os dois tipos de eventos. Foi a primeira vez que o "National Achievers Congress" (NAC) esteve no Brasil e Robert Kiyosaki, autor do best-seller *Pai Rico, Pai Pobre*, estava participando do evento. Eu tinha lido este livro em 2009, sendo o primeiro livro que me apresentou a idéia de liberdade financeira, (especificamente Kiyosaki chama de independência financeira, mas a idéia é a mesma). Este livro realmente me tocou, então fui à conferência muito animado para ver meu ídolo financeiro. A conferência foi muito boa e eu realmente recomendo à você, se tiver oportunidade de ir em algum evento deste tipo. Mas foi completamente diferente do que eu esperava. Além de Robert Kiyosaki, vários palestrantes também estiveram presentes. Embora fossem muitos, uma abordagem de apresentação comum foi usada. Eles usaram técnicas de programação neurolinguística e por várias vezes enfatizaram para o público que para serem ricos, eles tinham que pensar como uma pessoa rica e assim por diante. Eles explicaram que você deve mudar sua mentalidade ou "mindset" para direcionar sua vida para ganhar dinheiro.

Olhando para trás, para minha jornada pela liberdade financeira, tenho que admitir que minha abordagem não foi esta. Minha esposa e eu não mudamos nossa mentalidade. Na verdade, sempre tivemos a sensação de que ficar rico seria inevitável. Cedo ou tarde ficaríamos ricos, e isso era somente questão de tempo, embora este pensamento tenha se iniciado naturalmente antes mesmo de havermos nos conhecido. Por outro lado, tive compaixão da maioria das pessoas que assistiam ao evento, pois sabia que no dia seguinte, iriam tentar mudar de mentalidade sem sucesso.

Depois desse momento de compaixão, me veio na cabeça uma lembrança sobre um documentário sobre a empresa de suplementos dietéticos Herbalife que vi no início do mesmo ano. Nesse documentário, um grupo de advogados estava contatando alguns vendedores da Herbalife e explicando-lhes que eles não tiveram sucesso na venda dos produtos porque o sistema é organizado de uma forma que várias pessoas devem falhar, então apenas poucas pessoas podem ter sucesso. Portanto, a partir daquele momento, me surgiu uma urgência de dizer às pessoas que a maneira de conseguir algo, pode ser dinheiro, um emprego melhor, se tornar um pai admirável, ou assim por diante, não está mudando sua mentalidade. O caminho é conhecer-se a si mesmo, conhecer sua mente e aceitá-la como ela é. Não tente mudar nada. Ame-se como você é. Não desperdice seu tempo, energia e dinheiro neste tipo de abordagem violenta e esquemas organizados para roubá-lo. Eu já havia tentado mudar alguns aspectos da minha vida usando esta abordagem de mudança de "mindset" e falhei, e foi muito decepcionante. Entrarei em mais detalhes a seguir e também explicarei o que funcionou para mim e vi funcionar para muitos. Assim, convido você a descobrir o quão emocionante e surpreendente pode ser sua jornada pela liberdade financeira aceitando nosso jeito de ser. Divirta-se.

Diego Tresinari

Março de 2020

Capítulo 1

LIBERDADE FINANCEIRA: PASSOS DA JORNADA

"A jornada de mil milhas começa com o primeiro passo."

Lao Tzu

Bem... Já que eu o convidei a descobrir o quão emocionante e incrível pode ser sua jornada pela liberdade financeira, em primeiro lugar vou falar sobre os principais passos que você vai percorrer. Gosto da idéia que encontramos em livros e artigos sobre liberdade financeira que descrevem a jornada como a escalada de uma montanha. Com uma abordagem semelhante, descreverei as etapas da jornada pela liberdade financeira como a subida de uma escada. Prefiro usar a representação de escada, pois não há fim para uma escada. Quando você achar que os degraus não são suficientes, você pode construir outro andar e conectá-lo à escada antiga. Se você está escalando uma montanha, não tem a possibilidade de continuar escalando quando chegar ao topo. A liberdade financeira é alcançada no ponto em que sua renda de investimento é suficiente para pagar todas as suas despesas mensais. Porém, se você quiser aumentar as despesas por qualquer motivo, por exemplo, você gostaria de se mudar para outra cidade com custo de vida maior, ou teve um filho, ou qualquer outro motivo, provavelmente terá que construir outros degraus em sua escada.

Isso está acontecendo comigo e minha esposa agora. Como mencionei antes, há alguns meses conquistamos esse ponto de liberdade financeira e ao invés de nos contentarmos e sossegarmos; passamos a pensar em largar o emprego e morar na praia para estar sempre com roupas leves, descalços e tomando "caipirinha" ou água de coco, começamos a pensar na construção do próximo degrau da escada.

Talvez, isso possa ser uma surpresa para você. Mas tenho visto o mesmo comportamento de diferentes pessoas que alcançaram o ponto de liberdade financeira. Fiquei surpreso quando, no início de nossa jornada pela liberdade financeira, ouvia sobre aquelas pessoas livres financeiramente que continuavam vivendo a mesma vida de antes. Na verdade, eu pensei que eles eram loucos, "workaholics" ou coisas assim, para continuar trabalhando sem necessidade. Mas hoje eu os entendo. Claro, minha esposa e eu sentimos um alívio extraordinário quando fizemos as contas e percebemos que poderíamos largar nossos empregos. Provavelmente, as mesmas emoções que alguns atletas sentem ao vencer um jogo olímpico. Mas, como os vencedores das Olimpíadas, poucas semanas depois de atingir seu objetivo, há uma correria para começar a preparação para a próxima competição, mesmo sabendo que a próxima competição pode não ser tão importante quanto à anterior.

O que pode estar por trás desse fenômeno observado em várias pessoas como eu? Por ser um pesquisador científico, estou muito habituado a buscar literatura e/ou propor uma explicação para minhas descobertas. Aqui, usando a última abordagem, posso sugerir que o problema está relacionado à energia que você mobilizou para atingir o objetivo. Essa energia é tão intensa que não pode ser dissipada tão facilmente. Para corroborar com isso, é possível observar que esse comportamento não ocorre com pessoas que enriqueceram jogando na loteria. Os vencedores da loteria podem facilmente ficar de pernas para cima e não trabalhar depois de receber o prêmio em dinheiro. Na verdade, alguns deles já não faziam nada antes de ficarem ricos; possuíam uma inércia físico-psicológica enorme. Não estou dizendo isso de forma pejorativa, estou apenas indicando que algumas pessoas são muito práticas e funcionam bem e outras não. No próximo capítulo, apresentarei alguns fatos sobre diferentes tipos de personalidades e como você pode usar seus atributos pessoais para ficar rico. Mesmo que você seja um tipo de trabalhador "preguiçoso", sem julgamentos, vou mostrar-lhe estratégias de como ter sucesso financeiro do seu próprio jeito.

Como já falei sobre as últimas etapas da jornada, vamos agora falar sobre as primeiras.

Veja abaixo um esquema (Figura 1) das etapas da jornada pela liberdade financeira.

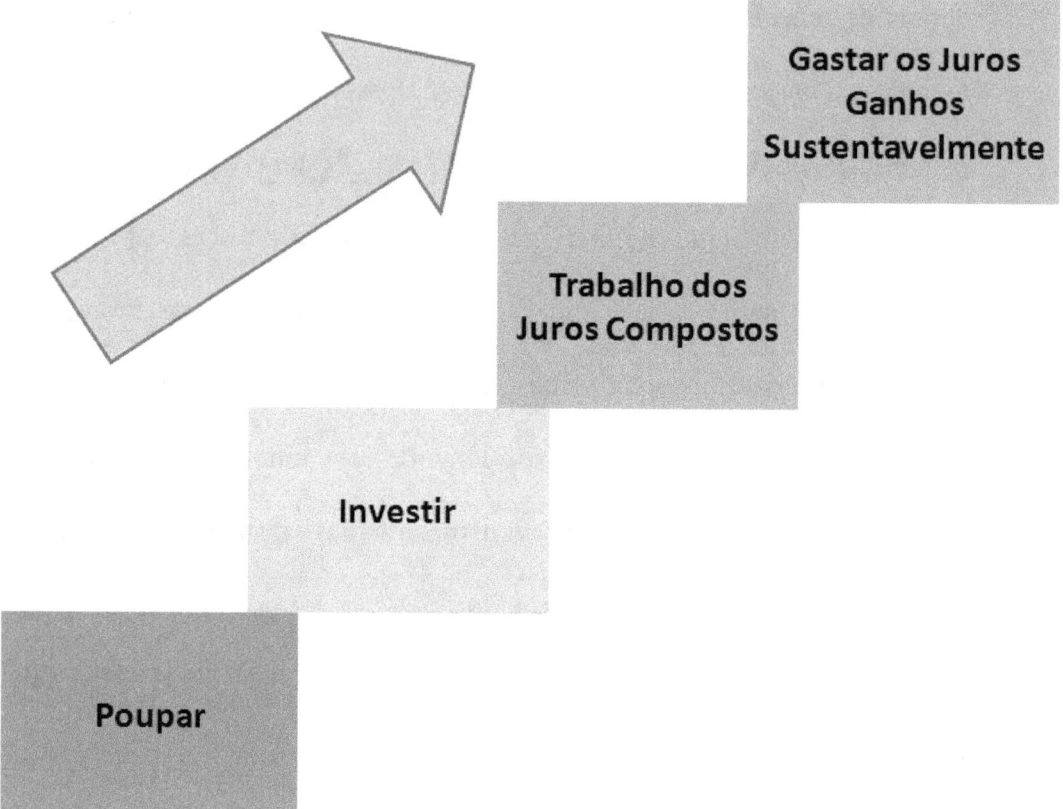

Figura 1. Esquema das etapas da jornada pela liberdade financeira.

Etapa de Poupar: esta é a primeira etapa. Nesta etapa você começa a economizar a diferença entre suas receitas e despesas. Então, obviamente, se você não puder economizar dinheiro, "game over", logo quando o jogo estava no começo.

Etapa de Investir: nesta segunda etapa você deve começar a aumentar sua educação financeira para aprender como investir o dinheiro que economiza, como por exemplo, a leitura deste livro. Não pergunte por nenhum consultor financeiro que trabalhe para alguma instituição financeira (Bancos ou Corretoras) onde é melhor investir seu dinheiro. Provavelmente, eles venderão o melhor produto para o interesse dele e não para o seu, pois normalmente recebem comissão por cada produto financeiro vendido. Na verdade, não recomendo que você pergunte a ninguém, porque em minha opinião, a melhor opção seria você se conhecer e encontrar a melhor maneira que funcione para você. Mas, se você realmente quiser perguntar a alguém, você deve tentar encontrar um raro consultor financeiro independente, alguém que não receba comissão pela venda de produtos financeiros. Eles devem cobrar de você apenas o tempo que despenderam para entender sua situação financeira e pelas explicações e sugestões. Caso você não os encontre facilmente você pode me contatar (pois atendo pessoas desta maneira) ou você pode procurar por algum amigo ou parente que seja inteligente financeiramente e que possa lhe compartilhar seus conhecimentos e experiências.

Etapa do Trabalho dos Juros Compostos: com a mágica dos juros compostos, qualquer juro ganho imediatamente começa a render juros sobre si mesmo, portanto, esta é a maneira de ajudar seu dinheiro a trabalhar duro para você. Nos próximos capítulos, darei vários exemplos sobre esse fantástico fenômeno matemático.

Etapa de Gastar os Juros Ganhos Sustentavelmente: Finalmente, a etapa final é quando você pode deixar seu emprego e começar a viver com os juros. Como estou passando por essa etapa e não consegui encontrar boa literatura sobre esse assunto, farei um esforço especial para escrever um capítulo específico sobre o assunto.

A título de curiosidade, pesquisei na internet quantos milionários há hoje no Brasil e descobri apenas 160.000 pessoas, o que é apenas 0,16% da população atual que trabalha. O cálculo é feito considerando apenas pessoas com mais de 18 anos que possuem mais de 1.000.000 de reais em patrimônio. No entanto, não podemos afirmar que todos os milionários apurados são financeiramente livres, pois a liberdade financeira depende da relação despesa/renda. Portanto, se sua despesa mensal for muito maior do que a renda oriunda do seu patrimônio, você ainda terá de trabalhar mesmo sendo milionário. Vale à pena discutir sobre esta última etapa com cuidado até porquê dá para ser financeiramente livre tendo muito menos que 1 milhão de reais, se você não for um gastão e conseguir rentabilizar seu dinheiro mais eficientemente. Mas primeiro vamos falar sobre a questão mais importante deste livro, em minha opinião: autoconhecimento.

Capítulo 2

Conhece-te a Ti Mesmo

"Conhecer a si mesmo é o começo da sabedoria."

Sócrates

Provavelmente você já escutou sobre a importância do autoconhecimento de várias bocas. Com certeza, as pessoas argumentam que conhecer a si mesmo é importante em muitos aspectos da sua vida e também pode ter um impacto positivo no seu caminho financeiro. Porém, não tenho certeza se você encontrou alguém que possa ajudá-lo no processo de autoconhecimento. É realmente um processo e estou apenas no início, mas felizmente entrei em contato com uma ferramenta que me ajudou muito a iniciar esse processo e talvez possa ajudar você também.

Estou muito cansado de ouvir que as pessoas dizem que para ficar rico você deve pensar como uma pessoa rica, que todos os ricos têm alguns padrões, então você tem que copiar esses padrões e comportamentos e o problema está resolvido. Antes de encontrar a ferramenta que vou apresentar a vocês, estudei "coaching" e Programação Neuro-Linguística (PNL) e tentei o meu melhor para usar várias técnicas indicadas por esses "Gurus da Autoajuda". Mais precisamente, não apliquei essas técnicas para ficar mais rico financeiramente, mas para parar de beber álcool. Fui viciado em álcool desde a adolescência. Meu vício não era o vício comum do álcool, de alguém que bebe todos os dias, atrapalhando a vida inteira. Meu vício, por outro lado, era de alguém que só se embriaga nos finais de semana, em festas ou quando sai com os amigos. Isso é muito comum no Brasil hoje em dia e pude notar o mesmo comportamento entre os jovens que moravam na Espanha. No entanto, esse vício adolescente não parou quando me tornei um jovem adulto, nem quando me tornei pai. Então, eu me esforcei muito para encontrar uma solução.

Depois de tentar a psicoterapia convencional, percebi algumas coisas. Em primeiro lugar, cada pessoa que eu conhecia que estava passando por terapia ou que estava fazendo psicanálise simplesmente levava muitos anos para entender as raízes do problema e muitas não lidavam com o problema em si. Na terapia, muitas pessoas tentam encontrar a pessoa "responsável" pelo problema. Uma mãe que trabalhava demais, um pai que nunca existiu, o fato de a pessoa ser filha única de um casamento; qualquer pessoa ou situação na infância pode ser responsabilizada como a raiz de um comportamento de alcoolismo como o meu. Mas qual é a solução? Percebi que encontrar uma causa ou racionalizar sobre o meu problema de vício e a partir de então criar uma teoria sobre suas raízes não me traria ajuda no momento em que estivesse diante de uma cerveja. Na realidade acredito que isto não ajudaria nenhum tipo de problema que tivesse. Também percebi que meu terapeuta também estava em terapia, e provavelmente seu terapeuta também está, e que esse fato é na verdade muito comum e aceitável, assim como há uma enormidade de ginecologistas sem vagina. Porém, para mim esta informação quando a descobri me tocou muito estranhamente. Ser tratado por alguém que também estava em tratamento me pareceu estranho, como ir à um cardiologista que teve um ataque cardíaco. Eu senti que provavelmente nós dois não tínhamos a menor idéia do que estávamos fazendo. Então, comecei a procurar outros métodos e ferramentas e assim encontrei o "coaching" e a PNL.

Os princípios por trás de ambas as técnicas, "coaching" e a PNL, são muito bons. Eles estão focados no fato de que nós, como seres humanos, somos mais parecidos com robôs do que pensamos. Temos vários padrões e hábitos antigos que estão muito ligados à nossa natureza. Por outro lado, descobrir os comportamentos comuns dos ricos e imitá-los com certeza não é o caminho para o sucesso. E se você fizer isso, a única coisa que você alcançará é ser uma pessoa realmente robótica, pois você será uma pessoa não autêntica. Mas a escolha é sua.

E o que realmente poderia me ajudar? Qual é o caminho para a resolução dos problemas? O caminho para mim foi muito natural, após vários anos percebi que estava aplicando um método muito comum da psicologia oriental, sem ter consciência disso. No começo, reduzi a quantidade de cervejas que bebia. Antes de começar a beber, geralmente planejava quantos copos ou garrafas eu iria beber e restringia o consumo a essa quantidade limitada. Eu também mudei o ambiente que costumava beber. Eu não bebia mais nas festas. Eu meio que me tornei um degustador de cerveja, apenas bebendo cerveja em lugares calmos com um amigo. E lentamente minha vontade de ficar bêbado foi diminuindo gradativamente.

Então me senti pronto para dar o último passo e reduzi a quantidade de cervejas à zero. Então, naquele momento, eu me senti no controle do meu vício, sem ter que fazer força para isto e não poder beber não fez diferença mais para mim.

Depois de superar meu vício ao me tornar acidentalmente um degustador de cerveja consciente/meditativo, é que encontrei o primeiro livro sobre psicologia oriental, ou seja, psicologia desenvolvida nos países orientais, como Índia, China, Tibete, Japão, etc. Naquele exato momento, me apaixonei por este tema. Com base nesse conhecimento, pude entender que, quando me tornei um degustador de cerveja, estava aplicando um método chamado atenção plena ou "mindfullness". Por acaso, seguindo meus instintos, mudei o hábito inconsciente de beber uma grande quantidade para um hábito mais consciente ou atento de degustar cervejas artesanais com um amigo em um lugar calmo. Se você estudou e/ou experimentou "coaching" e a PNL, poderia dizer que o mesmo resultado poderia ser alcançado com a ajuda de um especialista nessas técnicas; e concordo com você. Mas a questão é que eu ficaria dependente de um especialista para superar problemas. Essas técnicas podem resolver o problema, mas eu não estaria ciente da solução real, que foi o aumento da consciência. A raiz do problema com o álcool estava provavelmente ligada a um "desejo de ser sempre jovem" de voltar à adolescência; um terapeuta provavelmente teria me diagnosticado como sofrendo de "síndrome de Peter Pan" (você conhece a história, uma criança que nunca quer crescer). Porém, independentemente da raiz do problema, o problema com a bebida foi apenas o cenário, em contrapartida estar consciente/meditativo é uma solução que pode ser aplicada a todos os problemas da minha vida, bem como da sua.

Então, vamos fazer a ligação entre aumentar sua consciência e como melhorar sua situação financeira. Talvez você não esteja economizando porque tem o hábito de gastar todo o dinheiro que possui. Talvez você não esteja economizando dinheiro porque nunca pensou nisso e está apenas se movendo inconscientemente com as maioria das pessoas, comprando o último celular, o carro e a casa mais moderna, etc. Assim, vamos fazer uma pausa e começar a pensar se todas as suas despesas estão sendo feitas com consciência.

Se sua resposta for "não, não estou totalmente consciente de minhas despesas e escolhas financeiras", então tenho um exercício para você. A partir de agora, você terá que começar a fazer uma técnica de atenção plena durante vários períodos do seu dia. Por exemplo, ao acordar, você pode fazer um breve exercício de respiração em frente ao espelho para ter consciência de que está acordado e respirando. Eu faço este exercício junto com o canto de um mantra de Yoga bem curto. Se você pratica Yoga, pode escolher um mantra que conheça e fazer como eu. Se você não praticar Yoga, poderá fazer apenas observação da respiração, o efeito será similar. Durante o dia, se você tiver algum tempo livre, pois está esperando um amigo chegar ou está no ponto de ônibus, em vez de fazer coisas comuns que apenas o manterão inconsciente e longe do momento presente, como mexer no celular, por exemplo, você pode fazer a mesma observação respiratória por 5-10 minutos. Durante a noite você pode fazer observação da respiração enquanto lava a louça com muita atenção.

Não sei se você já fez alguma prática de meditação. Caso não, em minha opinião, esta forma de lavar a louça é a melhor maneira de começar, pois é muito fácil perceber quando a sua mente começa a divagar e a esquecer a lavagem da louça e o processo torna-se mecânico. Como você já lavou louça muitas vezes, a sua mente fica desconcentrada e começa a pensar em outras coisas, como: Eu paguei aquela conta? Que dia é hoje? O que devo fazer depois de terminar isso? Etc. Assim, depois de 1-2 meses lavando a louça com consciência meditativamente, você pode inferir, por experiência própria, que sua mente funciona de uma determinada forma sem lhe pedir permissão. Em outras palavras, você pode perceber que o que a mente deseja não é necessariamente o seu desejo conscientemente. E, finalmente, você pode concluir que você não é a sua mente, que você é o observador que está observando sua mente funcionar. No começo, isto pode soar um pouco místico, principalmente para pessoas não familiarizadas com tantas abstrações. Mas eu realmente peço que você não pare de ler este livro agora. Nas partes seguintes, com outros exemplos, acho que isto pode ser mais bem compreendido.

Assim, como você não jogou fora este livro, é hora de fazer o mesmo exercício de lavar louça com atenção plena, mas agora aplicado a qualquer momento em que você tomar decisões relacionadas a dinheiro. Fiz isso uma vez quando estava fazendo compras para encontrar um presente para uma amiga, e a experiência foi muito boa. Pude observar meus pensamentos variando de "Eu deveria comprar isto ou aquilo?" a "Não devo" e de "Tenho certeza que ela vai gostar deste presente" a "Que chato ficar escolhendo presentes, mas tenho que cumprir com o combinado da brincadeira de Amigo Secreto".

Outro exercício que pode ser muito interessante é estar consciente enquanto assiste à propaganda durante os intervalos dos programas de televisão. Concentre-se em como sua mente reage com isso, provavelmente sua mente vai responder afirmativamente a alguns produtos ou talvez você sinta uma tremenda vontade de comprar algo que você nunca compraria e que você realmente não precisa. Depois de observar sua mente, você provavelmente sentirá a necessidade de mudar algumas coisas em sua vida. No meu caso, joguei fora a televisão e comecei a assistir apenas canais de streaming online e também comecei a pagar o YouTube para não ver mais anúncios.

Durante meus estudos sobre psicologia oriental e sabedoria ancestral, descobri outra Ciência que pode ser útil para nos colocar no caminho da liberdade financeira, uma vez que ela meio que prediz qual reação sua mente terá em determinada situação. Adicionalmente, passei algum tempo analisando e conversando com as pessoas ao meu redor para validar e compreender as reações previstas da mente de acordo com essa Ciência. No próximo capítulo, essa ferramenta é apresentada com mais detalhes.

Capítulo 3

A QUE BIOTIPO VOCÊ PERTENCE?

"Ayurveda é geralmente entendida como 'Ciência da vida', traduzindo 'Ayur' como vida e 'Veda' como ciência."

Ayurveda é um sistema milenar que, como o Yoga, tem apenas um propósito: expor as ilusões da mente. Porém, antes de atingir esse objetivo, o Ayurveda tem como objetivo trazer o corpo de volta ao equilíbrio para que ele possa se curar. Visto que este livro não está relacionado a melhorar a saúde do seu corpo, não entrarei em detalhes sobre esta parte. Por outro lado, os ensinamentos Ayurvédicos também estão relacionados à psicologia humana uma vez que Corpo e Mente são indissociáveis. Esta parte que abordarei não é muito usada por seus praticantes, mas em minha opinião, pode ser extremamente útil para alguém que deseja desenvolver habilidades que ajudem você atingir a liberdade financeira.

Do meu ponto de vista, os ensinamentos do Ayurveda são baseados em observações comportamentais. Digo isso porque sou uma pessoa pragmática e nada mística. Se você pesquisar a história do Ayurveda, encontrará uma espécie de explicação religiosa para seu início. Mas para nossa abordagem, o ponto importante é poder observar padrões semelhantes na mente das pessoas que conhecemos hoje assim como a das pessoas descritas nos livros de Ayurveda datados de pelo menos 5.000 anos atrás.

Eu descobri o Ayurveda há cerca de uns 5 anos, mas quando criança vivia numa pequena e muito tradicional cidade de Minas Gerais que me pôs em contacto com vários provérbios antigos. Além disso, mais recentemente, enquanto morava na Espanha, estive em contato com vários idosos e suas sabedorias. Eu sei que alguns provérbios antigos são apenas besteira, e alguns foram criados apenas para dominar você mais jovem, mas você pode concordar comigo que alguns são muito verdadeiros. Tentar descobrir qual provérbio é verdadeiro ou falso não é o meu propósito aqui. Mas, gostaria de partir do pressuposto de que, na maioria dos casos, sua idosa avó provavelmente escolheria alguém para um novo emprego de maneira mais adequada do que você, mesmo que você trabalhe na área de recursos humanos e tenha um título de bacharel em psicologia e especialização em RH. Uma explicação para isso pode ser que ela tem mais anos de experiência de vida e observação do que nós. Inconscientemente, ela tem observado ao longo da vida as pequenas diferenças entre os seres humanos e quais destas diferenças podem ser adequadas para o desenvolvimento de cada trabalho/atividade, ou para simplesmente ela saber se tal pessoa é um bom amigo ou não, e etc.

Outro grupo muito inteligente na identificação dos perfis de personalidade são os filhos. Se uma criança faz algo errado, ela prefere falar com alguém que seja mais amigável com ela, mais freqüentemente com sua mãe, em vez de falar com alguém que seja mais severo como um pai convencional.

Portanto, aqui vou explicar a você os 3 biotipos físico-mentais que o Ayurveda descreve: Vata, Pitta e Kapha, a fim de ajudá-lo a perceber a qual grupo você provavelmente pertence, com o objetivo de ajudá-lo a planejar uma potencialmente exitosa jornada pela liberdade financeira.

Biotipo Vata

Uma pessoa considerada de biotipo Vata é comumente muito criativa e prefere atividades em que esta criatividade possa ser desenvolvida amplamente. Se você trabalha em um escritório fechado, trabalhando com papelada e não está se sentindo bem, provavelmente você possui um biotipo Vata. Talvez você já tenha observado que tem essa natureza Vata e escolheu um trabalho que você pode se deslocar facilmente, como fazer trabalhos que exigem viagens ou que não têm uma rotina fixa.

Não que uma profissão seja boa ou ruim para qualquer biotipo Ayuvédico, pois isto depende muito. Talvez você seja uma pessoa do tipo Vata que trabalha como secretária em um escritório e não esteja se sentindo entediada. Provavelmente estar em contato com pessoas de diferentes países, sacie sua natureza Vata através de conversas com pessoas de diferentes países e em diferentes idiomas todos os dias.

Em relação às finanças, uma pessoa que tem uma natureza Vata forte normalmente gasta seu dinheiro também de forma muito criativa e não controlada. Tenho um amigo muito próximo que gasta muito dinheiro com suas viagens. Ele gosta de viajar para lugares exóticos, que normalmente são muito caros, justamente durante o período de férias, época que os preços já caros viram astronômicos.

Minha recomendação a ele é sempre tentar visitar esses lugares em datas comuns e também fazer um planejamento financeiro antes de cada viagem. Outra recomendação que dou a ele é que encontre um trabalho que exija viagens. Dessa forma, ele pode viajar "de graça" e trabalhar de maneira intermitente, isto é durante alguns dias trabalha bastante e passeia em outros, o que seria muito estimulante para um biotipo Vata como ele.

Em resumo, nas escrituras do Ayurveda eles dizem metaforicamente que uma pessoa que tem uma natureza Vata mais pronunciada tem mais quantidade do elemento natural ar em sua mente, então seus pensamentos estão mais relacionados ao movimento, o que costuma resultar em uma pessoa popularmente conhecida como uma pessoa aérea e leve, entretanto esquecida e com baixa concentração.

Biotipo Pitta

Uma pessoa considerada do biotipo Pitta é comumente disciplinada e prefere atividades em que este metodismo possa ser desenvolvido amplamente. Os praticantes de Ayurveda dizem que uma pessoa que tem uma natureza Pitta mais pronunciada tem mais quantidade do elemento natural fogo em sua mente, então seus pensamentos são mais explosivos e intensos.

Se você sempre tenta melhorar/otimizar a maneira de fazer uma atividade e as vezes passa pela sua cabeça um senso de comparação entre você e os outros no sentido de ver quem faz melhor a mesma atividade, provavelmente você é um biotipo Pitta. Talvez você já tenha observado que tem essa natureza Pitta e talvez esteja suprimindo essa natureza ou adicionando mais "fogo" a ela de forma inconsciente, como escolher trabalhar em empregos competitivos e/ou tendo como lazer hobbies competitivos como jogar tênis ou correr maratonas.

Em relação ao dinheiro, dependendo de como o tipo Pitta vê o dinheiro, ele pode ter muito sucesso na jornada pela liberdade financeira ou não. Ele pode competir com o vizinho quem tem o carro e/ou casa mais caro, por outro lado, o tipo Pitta também pode disputar o melhor salário e/ou a maior quantia na caderneta de poupança (que, aliás, é o pior investimento de todos, apesar de o mais comum entre os Brasileiros).

Falando um pouco sobre mim como exemplo... Eu tenho uma natureza Pitta mais pronunciada e a usei de maneira consciente para facilitar meu caminho de liberdade financeira. No início, usei minha natureza disciplinada para aumentar meu salário ao máximo que pudesse, obviamente seguindo todas as leis e legislações, hehehehe. Minha primeira renda foi uma bolsa de mestrado em 2008 no valor aproximado de R$ 1.000. Um ano depois, consegui uma bolsa de doutorado de R$ 1.800, sendo meu salário aumentado em cerca de 80%. Em 2011, meu salário atingiu cerca de R$ 5.000. Portanto, multipliquei meu salário por 5 em um período de 3 anos. E ele atingiu seu máximo quando recebi uma bolsa de pós-doutorado para ir para a Suíça em 2013, recebendo um salário de cerca de R$ 17.000, 17 vezes maior que a minha bolsa de mestrado que tinha 5 anos antes. Apesar de os números financeiros terem sido um indicador para mim, como um bom Pitta esta ascensão na carreira não era apenas uma questão de dinheiro, eu queria ser o melhor na minha área desde o início. Por isso, trabalhei muito e converti meu mestrado no primeiro ano do meu doutorado, passando para o programa de doutorado direto, terminando-o em 3 anos e conquistando o prêmio CAPES de teses como a melhor tese de doutorado do Brasil na área de Ciência e Tecnologia de Alimento no ano de 2011.

Talvez você tenha conseguido ou conheça alguém que alcançou metas profissionais semelhantes e está pensando que um tipo Pitta, mais cedo ou mais tarde, terá problemas de estômago e/ou ataque cardíaco. E você tem razão, mas, como este livro trata apenas de aspectos financeiros, não falarei sobre problemas de saúde que acompanham as pessoas incansáveis de biotipo Pitta. Assim, descreverei a última natureza Ayurvédica que pode ajudar a equilibrar a natureza Pitta em direção à liberdade financeira.

Biotipo Kapha

Uma pessoa considerada um biotipo Kapha é comumente amiga e adorável e prefere atividades que possam desenvolver esta característica de cuidar das outras pessoas amplamente. Na Espanha, ouvi um antigo provérbio que diz que se você for uma pessoa muito doce (como uma pessoa do biotipo Kapha), provavelmente você terá diabetes e realmente a chance é grande.

Se você gosta de assistir a filmes românticos, cozinhar, sente ciúmes freqüentemente e é apegado a tudo o que tem, provavelmente você é do biotipo Kapha. Talvez você já tenha observado que tem essa natureza Kapha e talvez esteja tentando se tornar mais semelhante ao biotipo Pitta típico, como tentando gerar uma pressão para ganhar mais dinheiro, e não está funcionando. Acredito que a valorização extrema do biotipo Pitta é a pior coisa que a nossa sociedade moderna está fazendo, além da destruição ambiental e das guerras, que são algumas das conseqüências da natureza Pitta desequilibrada em algumas pessoas. Portanto, se você está tentando se tornar mais racional como o tipo Pitta naturalmente é para ficar rico, recomendo que pare e tente outra estratégia. Além disso, ter um salário alto não é garantia de que você enriquecerá e se tornará financeiramente livre.

Minha estratégia para a pessoa do tipo Kapha é aceitar sua natureza. Você pode usar essa natureza a seu favor, apegando-se à coisa certa, dinheiro e não coisas, por exemplo. Antes, eu disse que a natureza Kapha pode ajudar a equilibrar a natureza Pitta em direção à riqueza. E é verdade. Mas, o que também é verdade é que a natureza Pitta pode ajudar a equilibrar a natureza Kapha em direção à liberdade financeira. Assim, neste livro, proponho que para ser financeiramente livre e aposentar-se as naturezas Pitta e Kapha devem ser equilibradas conjuntamente a fim de otimizar simultaneamente os dois lados da "Equação para liberdade financeira" (Figura 2). Ou seja, aumentar a renda usando a natureza Pitta para desenvolver uma estratégia para obter um alto salário e/ou uma alta receita de investimentos ou royalties aliado à despesas decrescentes usando a natureza Kapha.

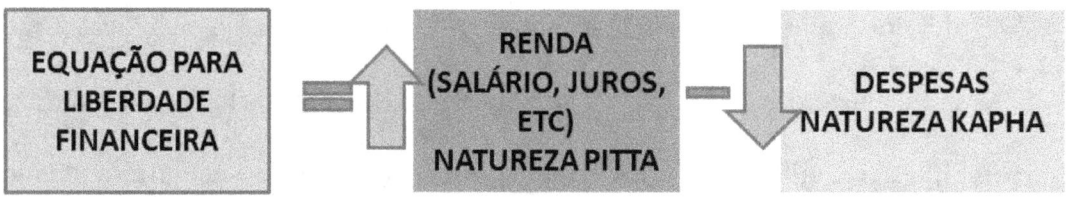

Figura 2. Equação para liberdade financeira.

Capítulo 4

DEFININDO SUA ESTRATÉGIA DE PROJETO DE LIBERDADE FINANCEIRA

"O leão não pode se proteger de armadilhas, e a raposa não pode se defender de lobos. É preciso, portanto, ser uma raposa para reconhecer as armadilhas e um leão para assustar os lobos."

Niccolò Machiavelli

Então, vamos começar seu projeto de liberdade financeira. Mas antes disso, por favor, leia novamente a frase de Maquiavel acima. Como eu disse antes, com os ensinamentos do Ayurveda, poderíamos prever a reação de sua mente à frase acima. O primeiro passo é estar alerta e consciente ao ler uma frase tão profunda para reagir a ela, o que seria muito difícil para uma pessoa do tipo Vata, que estaria dispersa pensando em outras coisas. Sabe aquele termo que um tempo atrás ficou famoso: dislexia? Pelo Ayurveda usamos a linguagem de Vata em excesso. Um tipo Kapha talvez esteja ciente da reputação negativa da terminologia maquiavélica, que foi denotada à Niccolò Machiavelli, provavelmente por uma pessoa ou sociedade do tipo Kapha. A definição de maquiavélico no dicionário está relacionada a ser astuto, amoral, estrategista, que para um tipo Kapha são maus hábitos, porquê intrinsecamente o Biotipo Kapha nada mais quer do que ser amado e para isto ele inconscientemente tenta sempre ser a pessoa boazinha e bons hábitos. Finalmente, se você é do tipo Pitta, provavelmente gostou da citação e a usará como uma aspiração a fim de se aprimorar e se tornar um ser raposa-leão para assustar lobos e escapar das armadilhas.

Portanto, com base em sua resposta à leitura da frase de Maquiavel aliado as reflexões que você fez a respeito dos perfis de personalidade Ayurvédicos do capítulo anterior, já podemos definir sua estratégia para o projeto de liberdade financeira.

Se você identificou uma natureza única mais pronunciada em você, primeiro você deve identificar a intensidade dela. No capítulo anterior eu expliquei de forma muito simples as 3 naturezas com o exemplo de alguém tendo 100% de cada natureza para apresentar a vocês os extremos. Eu conheço algumas pessoas que são tão desequilibradas que você pode dizer que tem quase 100% de apenas uma dessas 3 naturezas. Por outro lado, a maioria da população possui em si as 3 naturezas de forma mais equilibrada.

Por exemplo, eu disse que tenho uma natureza Pitta mais pronunciada, mas sei que também tenho uma quantidade significativa de natureza Vata, o que pode ser facilmente observado ao ler o texto introdutório deste livro: "Somos um casal brasileiro de 34 anos e visitamos mais de 20 países nestes anos, passando 4 curtos períodos entre 2-3 meses e 1 ano morando na Europa." Eu e minha esposa adoramos viajar e achamos muito difícil ficar muito tempo em um lugar específico. Nosso Vata logo aumenta e gera "uma pulga na cueca/calcinha" para nos aventurarmos por aí.

Se pudéssemos ver a natureza de uma pessoa sendo um gráfico XYZ, sendo X - Vata, Y - Pitta e Z - Kapha naturezas, e X + Y + Z = 100%, no meu caso, por exemplo, eu poderia indicar que tenho cerca de 50% Pitta, 40% Vata e 10% Kapha (Figura 3). Você pode pensar: Apenas 10% Kapha? Sim, é muito difícil eu ter pensamentos semelhantes aos de uma pessoa Kapha. Isso não é ruim ou bom, apenas é, e é assim que minha mente funciona. Estou sendo totalmente sincero com você e, portanto, peço que também seja muito sincero consigo mesmo e passe por esse processo de autoconhecimento antes de definir sua estratégia de liberdade financeira.

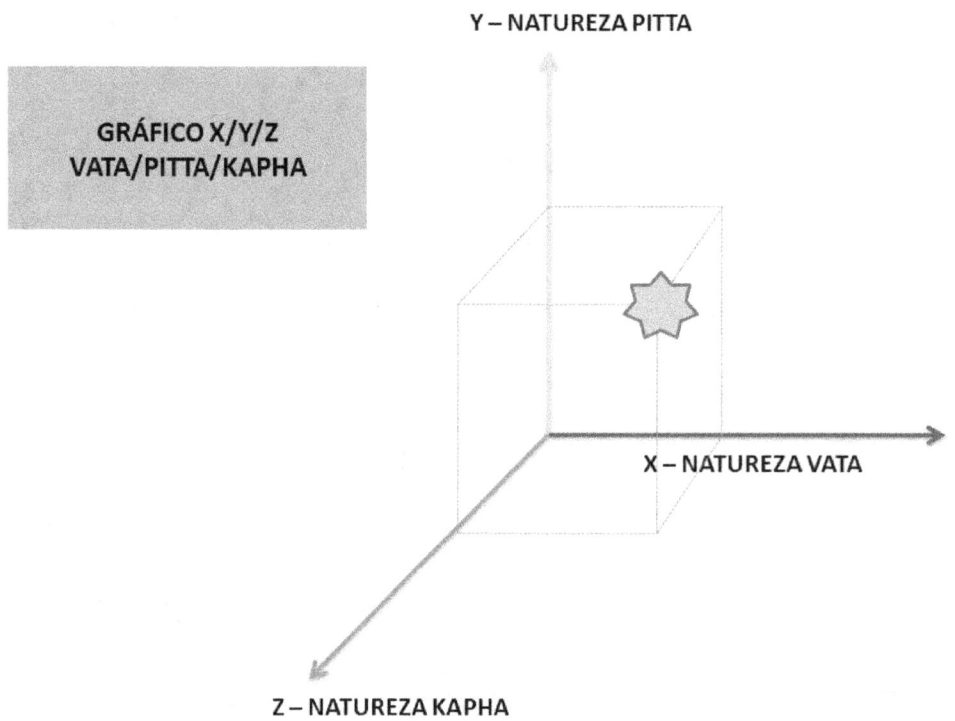

Figura 3. Meu gráfico de naturezas X - Vata / Y - Pitta / Z - Kapha.

Se você não se sente muito confiante sobre suas possíveis porcentagens de Vata, Pitta e Kapha agora, você tem duas opções. A primeira seria continuar lendo o livro tendo em mente a primeira impressão que teve sobre a sua natureza e seus percentuais, e depois ajustar a estratégia de acordo com o aprimoramento do seu autoconhecimento. A segunda opção seria parar de ler este livro agora e somente retornar a ele após definir as porcentagens de Vata, Pitta e Kapha, observando primeiro seus amigos próximos e familiares durante pelo menos 2 a 3 meses e depois você mesmo. Este exercício é muito poderoso e você provavelmente irá melhorar muito sua habilidade de identificação do biotipo Ayurvédico. Faço isso continuamente sem esforço e é muito útil conhecer as pessoas com quem estou falando. Algumas vezes tenho a infeliz sensação de que acabo conhecendo-a melhor do que ela se auto-conhece pelo simples entendimento da natureza ayurvédica na qual a pessoa se encaixa. Além disso, esta observação me permite entender por que a pessoa é ou não rica e bem-sucedida. Recentemente, usei esse método para entender o autor de um livro que estava lendo. Este autor escreveu um livro muito confuso, mas com várias idéias muito criativas. Então presumi que provavelmente ele seria uma pessoa do tipo Vata, o que foi confirmado quando assisti a uma entrevista dele falando sobre o livro. A mesma metodologia poderia ser aplicada a este livro para você me conhecer melhor através da maneira como eu escrevo. No início do livro eu disse que por ter trabalhado como Pesquisador Científico decidi escrever este livro com base em observações e números. Mas, a causa real da minha predileção por coisas concretas e números pode estar relacionada à minha natureza natural Pitta e esta me fez com que eu procurasse pelo trabalho de Pesquisador. Pessoas da natureza Pitta geralmente amam números, métodos, etc. Os chineses comumente chamam a natureza Pitta de Yang (energia masculina) e a natureza Kapha de Yin (energia feminina) e isto está relacionado com a idéia geral de que o homem e a mulher são atraídos por coisas diferentes. Os homens geralmente são comumente descritos como mais atraídos por questões intelectuais como número, métodos e estratégias, e as mulheres por serem mais protetoras e pacientes são mais atraídas às atividade de cuidado. Se você é mulher e se sentiu muito insultada comigo e com os Chineses, tudo bem. Esta indignação é uma reação muito boa para suas finanças pessoais. Você demonstrou agora que tem uma alta porcentagem da natureza Pitta em você. Então, vamos usá-la a seu favor ao projetar seu caminho de liberdade financeira.

Estratégia orientada para Pitta

Se você é do tipo Pitta, ou seja, tem uma porcentagem maior da natureza Pitta e não está ficando rico, provavelmente está gastando o seu salário com coisas supérfluas que chamamos no "economês" de passivos, como carros, casas, estadias em hotéis caros, etc. A pessoa de natureza Pitta muitas vezes, devido o seu caráter competitivo e ambicioso, possui um bom salário ou pelo menos tem o potencial de tê-lo. Mas a mesma força que o leva subir de salário, muitas vezes é utilizada para gastar o salário. Em ambientes de trabalho competitivos, locais de moradia como condomínios de luxo, dentro da própria família e onde mais for possível, a pessoa com natureza Pitta pode deixar-se levar pelo sentimento de competição com as pessoas próximas, podendo gastar todo seu salário e até se endividar para ser o ganhador. Eu mesmo tenho dado mentorias financeiras por incrível que pareça para Professores Titulares e até Vice-reitores concursados de Universidades Públicas que não estão dando conta das dívidas.

Ao se perceber neste comportamento, você pode sentir a necessidade de reverter esta situação o mais rápido possível compensando o tempo perdido em busca de maior rentabilidade procurando investimentos de alto risco. Esta primeira reação como forma solução pode ser comum para uma pessoa de natureza Pitta. E sem dúvida eu a consigo entender, uma vez que provavelmente temos uma mente e conseqüentemente opinião semelhante. Entretanto, devo informá-lo que esta não é a melhor maneira de iniciar um projeto de liberdade financeira. É muito perigoso começar a sua jornada pela liberdade financeira em investimentos de alto risco sem a mentalidade e o conhecimento corretos. Por exemplo, encontrei o mercado de ações ou talvez o mercado de ações tenha me encontrado nos primeiros passos da minha jornada (2008). Obviamente, minha natureza Pitta ficou muito animada com a idéia de conseguir uma valorização extremamente alta rapidamente. Por outro lado, mantive conscientemente este mercado muito longe até 2013 (7 anos depois) e preferi investir primeiro no mercado imobiliário, depois em títulos públicos do governo, etc.

Desta forma o primeiro ponto que deve ser trabalhado por pessoas de natureza Pitta é balancear a natureza Kapha (parte direita) da "Equação para liberdade financeira", relacionada a reduzir seus gastos para aumentar a quantidade de dinheiro poupado. E como eu posso fazer isso? Parei de falar sobre minha esposa nos capítulos anteriores, mas agora ela é o ponto-chave. Em nossa opinião ela tem cerca de 35% de natureza Kapha, 35% de

Vata e 30% de natureza Pitta, e durante nosso inicio de jornada financeira meio que usamos inconscientemente sua natureza Kapha para reduzir nossos custos de vida.

A primeira vez que minha avó conheceu minha esposa, naquele momento ela era minha namorada, ela disse: "Meu neto vai longe porque teve sorte de encontrar uma namorada muito Kapha". Ela obviamente não usou a palavra Kapha e sim "segurinha" (um nome bonitinho para mão de vaca, tacanha, avarenta, etc., pois somos do Brasil e não da Índia, mas a idéia era a mesma). Naquela época não percebi de pronto a sabedoria profunda de minha avó, imaginando que enriquecer estava mais relacionado ao valor do salário ganho do que a qualquer coisa, do que ao fato de encontrar uma parceira "segurinha" como o meu Avô havia encontrado a minha Avó também Kapha há mais de 5 décadas atrás.

O primeiro passo, portanto, é se esforçar para reduzir os custos de vida com a ajuda de uma pessoa do tipo Kapha. Pode ser o seu próprio parceiro (esposa ou marido) de natureza Kapha ou um amigo, um parceiro de negócios, um familiar ou um consultor financeiro de elevada natureza Kapha. É muito importante para uma pessoa do tipo Pitta encontrar alguém com natureza Kapha mais pronunciada, a fim de ver como a mente de outra pessoa funciona e absorver naturalmente alguns de seus comportamentos, equilibrando sua natureza intrínseca. Aqui eu digo, absorver naturalmente, não mudar seu "mindset" de uma forma hipnótica ou com pensamento positivo como pregam a maioria dos Gurus financeiros.

Uma dica para separar uma pessoa Kapha de uma Pitta é usar a citação do copo meio cheio/meio vazio. Um Pitta mais pronunciado seria uma pessoa otimista, sempre descrevendo o copo como meio cheio, enquanto uma pessoa Kapha pronunciada seria mais pessimista.

Nos primeiros anos de minha jornada pela liberdade financeira, eu e minha esposa procuramos uma forma de quantificar nosso desempenho financeiro a cada mês e decidimos pelo uso do indicador 'Porcentagem de renda economizada' aplicando um pouco da Ciência Engenharia Econômica, que estávamos pesquisando durante nossa trajetória acadêmica nas Universidades. Este indicador pode ser muito bom tanto para pessoas Pitta como para as Kapha, pois pode ser usado de forma competitiva, quanto maior o número melhor, e também de forma conservadora, indicando quanto do salário está sendo economizado/acumulado (os Kaphas adoram acumular, lembra?).

Em 2009, após 1 ano do início de nossa jornada pela liberdade financeira, conseguimos uma hipoteca para comprar um apartamento perto da Universidade na qual estávamos trabalhando com pesquisa como alunos de mestrado. Se você não definiu a data inicial de sua jornada faça agora. Pode ser uma data passada ou uma data futura. Esta definição é muito importante para diferenciar que você não está apenas economizando dinheiro para o futuro, mas está iniciando um projeto com início, indicadores de desempenho e fim (liberdade financeira).

Hoje parece uma loucura que apenas com um salário temporário (bolsa de mestrado de dois anos) de R$ 1.200 cada (renda total de R$ 2.400) aceitamos pagar hipoteca de R$ 2.400. Assim, passamos a economizar 100% do nosso salário (R$ 2.400/R$ 2.400 X 100). Em termos de 'Porcentagem de renda economizada' no dia em que assinamos o contrato com o proprietário do nosso apartamento, que vivíamos até ao ano passado (2019), tínhamos este indicador de desempenho financeiro em 100%. Por outro lado, nos dias seguintes saímos a procurar alguém para dividir o apartamento conosco pagando R$ 600 de aluguel, assim que valor do 'Porcentagem da renda economizada' reduziria para 80% (R$ 2.400 /R$ 3.000 x 100). E funcionou muito bem. Um casal da Colômbia que nós já conhecíamos, pois também estavam no mestrado na mesma faculdade que nós, alugou o outro quarto do apartamento. Além do dinheiro, construímos uma amizade muito boa com eles, que resultou até em uma viagem guiada à cidade deles na Colômbia, onde ficamos hospedados na casa de sua família, economizando dinheiro de Hotel. Quem disse que a Jornada para Liberdade Financeira tem que ser chata?

Em finanças, assim como na vida, tudo vai da maneira que encaramos uma situação, que pode ser tomada de forma completamente diferente por pessoas/mentes diferentes. Em relação à situação do aluguel de um quarto do nosso apartamento em 2009, minha natureza Pitta preferia computar que nosso imóvel já estava gerando renda através do aluguel de um quarto. Dessa forma, ao invés de ter um 'Porcentagem de renda economizada' de 80%, minha mente organizou, de forma a me motivar a caminhar pela jornada de liberdade financeira, como sendo uma alavancagem de R$ 600, o que equivalia à metade do meu salário na época e ¼ a renda total, isto é, uma alavancagem de 25 % sobre a renda familiar.

Com esses exemplos detalhados de como minha mente Pitta funciona, creio que você tenha entendido a idéia e espero que você possa observar sua mente e usar estes conhecimentos para o seu desenvolvimento pessoal, em relação às finanças ou não.

Estratégia orientada para Kapha

Para uma pessoa com uma natureza Kapha mais pronunciada, obviamente a estratégia a ser definida para uma jornada pela liberdade financeira bem-sucedida seria muito diferente de uma pessoa do tipo Pitta. Como eu disse antes, tenho cerca de 50% Pitta, 40% Vata e 10% Kapha. Com apenas cerca de 10% de Kapha, é muito difícil eu ter pensamentos semelhantes aos que passam em uma pessoa Kapha. Portanto, minha abordagem aqui será baseada não em meus próprios pensamentos, mas em minhas observações ao ter relacionamentos com pessoas do tipo Kapha, como minha esposa e minha avó, por exemplo.

A natureza Kapha, no meu ver, é muito mais importante do que a natureza Pitta na "Equação para liberdade financeira", pois o impacto da redução do custo de vida é muito maior do que aumentar o salário e/ou aumentar as taxas de rentabilidade dos investimentos, por exemplo. Imagine que suas despesas mensais totais sejam 4.000. Não precisamos adotar nenhum tipo de moeda, como dólar, euro ou real, pois não importa neste exercício e sei que há pessoas que não são do Brasil que estão lendo este livro. Se você obtiver uma rentabilidade 0,5% ao ano de seus investimentos descontando a taxa de inflação, você precisa de um capital total de 800.000 para atingir a liberdade financeira (800.000 * 0,5/100 = 4.000). Se suas despesas mensais forem apenas 12,5% maiores, ou seja, 500, (500/4.000 X 100 = 12,5%), você precisará economizar mais 100.000 (200 X 500) para atingir 900.000 em patrimônio líquido e poder sacar ao invés de 4.000, 4.500 por mês (0,5% de 900.000), o que indicará que você precisa trabalhar por mais 200 meses (mais de 16 anos) para economizar os 500 a mais. Considerando um salário de 5.000, 500 seria um 'Porcentagem da renda economizada' de 10%, que é a proporção mais comum adotada no Brasil para planos de pensão de funcionários públicos. Obviamente, você pode economizar mais, mas a idéia aqui é demonstrar que para aumentar seu custo de vida em apenas 500 (12,5% sobre 4.000) para pagar suas despesas mensais, você precisará economizar 200 vezes o mesmo valor. Se você economizar o dobro da porcentagem de sua renda, ou seja, 20%, o tempo se reduzirá à metade, 100 meses (mais de 8 anos), o que ainda é um período muito longo. Ao invés de economizar mais você pode aumentar o risco do seu investimento e obter o mesmo tempo de redução, mas na minha opinião seria mais financeiramente inteligente a escolha de não aumentar as despesas mensais.

Se você fizer o oposto, ou seja, reduzir em 500 suas despesas mensais (despesas mensais totais de 3.500), verá as enormes vantagens de usar sua natureza Kapha para alcançar a liberdade financeira. Se suas despesas mensais forem reduzidas em 500, você pode se aposentar aproximadamente de 16 a 8 anos antes, pois precisará de um capital total de 700.000 em vez de 800.000.

Talvez seja difícil pensar em reduzir suas despesas agora. E eu não estou dizendo para você fazer isso. Estou apenas tentando fornecer alguns insights que podem ajudá-lo a alcançar a liberdade de não precisar mais trabalhar. Especificamente, no meu caso, reduzir minhas despesas mensais não era algo que eu pensaria primeiro. Mas, motivados por conseguir minha liberdade financeira, em 2016 com a ajuda da minha esposa, reduzimos nossas despesas mensais em R$ 1.000, o que representou redução de 22,22%, da nossa despesa mensal de R$ 4.500, que passou a R$ 3.500 (4.500-3.500/4.500 X 100 = 22,22%). Você pode estar se perguntando sobre que tipo de despesas reduzimos ou se vale a pena viver uma vida dentro de restrições severas, uma vez que só vivemos uma vez, né? Posso assegurar que as despesas que reduzimos foram selecionadas pensando muito para evitar a sensação de estarmos nos restringindo e de que perderíamos liberdade. Foi um momento de estudo e análise profunda da nossa vida e dos valores que nos fizeram pensar sobre diferentes aspectos do nosso dia-a-dia e nas nossas escolhas em geral. Entramos em contato com diversas filosofias de vida que nos ajudaram a adquirir a força necessária para seguir com as nossas decisões. Estudamos Ayurveda, Yoga, Budismo, Minimalismo, Ambientalismo, Economia Solidária, Economia Circular, entre outros conceitos e filosofias.

O primeiro corte no orçamento que fizemos foi no serviço de limpeza de nossa casa. Tínhamos uma faxineira uma vez por semana para ajudar na limpeza e arrumação do nosso apartamento. Decidimos, então, por fazer este trabalho nós mesmos. Esta etapa não foi difícil já que morávamos em um pequeno apartamento de 2 quartos e a empregada só nos ajudava uma vez por semana, o que era mais simbólico do que uma ajuda real, pois nos outros 6 dias já cuidávamos da limpeza. Na verdade, minha esposa acredita que após iniciarmos a limpeza por conta própria o apartamento ficou mais limpo e arrumado do que antes. Isto porque a partir de então passamos a nos sentir responsáveis por este trabalho e não deixávamos as tarefas para o dia que alguém fosse limpar. Se algo estava sujo, tínhamos que cuidar da limpeza imediatamente e não esperávamos mais que alguém fizesse isso em um ou dois dias. Minha esposa e eu temos uma amiga, cujos pais são Japoneses. Ela foi educada a pensar que não era apropriado ter uma empregada, pois cada pessoa deveria se responsabilizar pelo próprio lixo e limpeza. Em princípio, essa idéia parecia um pouco rara para mim. Mas quando vi que poderia reduzir em R$ 400 minhas despesas mensais, reduzindo conseqüentemente o tempo que eu precisava trabalhar para atingir a liberdade financeira, mudei completamente de idéia. Aqui tenho que enfatizar que nunca me reprimi, só entrei em contato com uma idéia nova e meio que me apaixonei por ela. Se você se reprimir, provavelmente sua decisão não será uma decisão de longo prazo. Eu também não fiz nenhum tipo de reprogramação neurolinguística, hipnose ou algo parecido. A abordagem foi mais baseada na compreensão e valorização da lógica por trás da mentalidade japonesa. Hoje, além de me responsabilizar pelo lixo e pela limpeza, também estendi essa idéia para o cuidado dos meus filhos. Eu não contrato babás, minha esposa e eu somos totalmente responsáveis pelo cuidado de nossos filhos. E esta foi uma ótima idéia, já que passar um tempo com meus filhos é definitivamente a melhor parte Kapha do meu dia. A propósito, posso perceber que aumentei aquela baixa porcentagem natural Kapha com essa nova atividade, me tornando uma pessoa mais equilibrada.

A outra redução que optamos por fazer está relacionada ao nosso plano de saúde. Decidimos sair do plano de saúde privado. No Brasil todos nós cidadãos temos o plano de saúde gratuito do governo, o SUS, com acesso à médicos e tratamento médico sem termos que pagar. Porém, ela não funciona perfeitamente, há grandes filas para consultas médicas de rotina e os hospitais estão cheios de gente. Portanto, é muito comum que trabalhadores da classe média e alta tenham seu próprio plano de saúde privado. Essa última redução foi mais difícil de ser feita porque tivemos que reeducar a nossa mente em relação ao medo de adoecer. Pode parecer uma decisão muito radical e talvez realmente tenha sido. Foi uma situação desafiadora, muito atrativa para uma pessoa do tipo Pitta como eu, o que me motivou a alcançar com sucesso a meta de não pagar plano de saúde desde então. Na nossa vida com plano de saúde, tivemos alguns problemas com o sistema de saúde tradicional, e passamos a não concordar com a forma como o sistema estava cuidando de nós. Isso ficou mais acentuado quando tivemos nosso primeiro filho em 2011 e o sistema de saúde tradicional tende a preferir a cesárea ao invés do parto normal/natural, por questões financeiras. Portanto, aprender sobre Ayurveda (Medicina Ayurvédica) foi mais como uma busca desesperada do que um encontro ocasional, que resultou também em mais uma auto-responsabilidade, agora sob a nossa própria saúde. Desde então, nós não mais terceirizamos o cuidado de nossa saúde à médicos. Alimentação, rotina diária adequada, plantas medicinais, massagem, yoga, meditação, é assim que nos cuidamos diariamente.

Na estratégia Kapha temos de ter cuidado para não cairmos em duas armadilhas. A armadilha número um é virar a caricatura do "mão-de-vaca" e cortar quase todas as despesas, se alimentando de cesta básica e nunca gastando com nenhum luxo (viagens, passeios, restaurantes, etc.). Passar a viver a pão e água, não gastar com absolutamente nada e prejudicar o seu bem estar físico e metal está totalmente fora de questão quando planejar esta estratégia. É impossível buscar liberdade financeira se sentindo preso. O excesso de esforço irá resultar ou em abandonar o plano ou em te tornar uma pessoa triste, que realmente não é o objetivo. Quando começamos a falar em redução de despesas, minha esposa não se sentiu confortável em reduzir tudo para conseguir o mais rápido possível nossa liberdade financeira, pois ela também tem uma natureza Vata proeminente, que luta pela liberdade e tem uma certa "claustrofobia financeira". Assim, equilibrei-a convencendo-a a reduzir apenas as poucas despesas mais significativas em termos de custo e as mais insignificantes em termos de prazer e liberdade pessoal. Por exemplo, mantivemos e ainda aumentamos a quantidade de dinheiro que deixávamos para tomar mais freqüentemente um café em alguma cafeteria bonitinha. Mesmo quando morávamos na

Suíça, pagávamos alegremente por cada cappuccino 5 francos suíços (o preço de aproximadamente 5 cappuccinos no Brasil), pois isto era afinal o que nos deixava realmente felizes.

Outra principal armadilha que uma pessoa de uma natureza Kapha mais pronunciada pode cair é não saber quando parar de acumular. Infelizmente, ambos meus avós têm uma natureza Kapha elevada e estão nesta situação há anos. Acumulam e não gostam de gastar o dinheiro que trabalharam tanto economizando. Assim que encontrar o equilíbrio deve ser o ponto principal durante a definição de uma estratégia de liberdade financeira orientada para Kapha.

Com esses exemplos detalhados de como funciona a mente de pessoas de natureza Kapha, acho que você pode entender a idéia e fazer um bom uso dessas reflexões, seja na área das finanças ou não.

Estratégia orientada para Vata

A tarefa mais difícil, em minha opinião, é definir uma estratégia de enriquecimento para uma pessoa com uma natureza Vata mais pronunciada, já que normalmente ela gasta seu dinheiro de forma não controlada. Infelizmente, a probabilidade de uma pessoa da natureza Vata ficar rica vai contra sua natureza. Você pode notar que geralmente seus amigos que são artistas, músicos, dançarinos, etc., ou seja, pessoas do tipo Vata geralmente têm problemas relacionados a dinheiro. Aplicar a típica abordagem de investir o dinheiro economizado do salário com as pessoas de natureza Vata costuma ser difícil, pois além disso, eles selecionam empregos sem pensar em dinheiro, o que não é muito bom no que diz respeito aos aspectos de atingir a liberdade financeira. Uma solução para este dilema seria a pessoa do tipo Vata equilibrar um pouco sua própria natureza ou se associar a uma pessoa do tipo Pitta ou Kapha para ajudá-la a seguir o caminho da liberdade financeira do começo ao fim.

A escolha do seu trabalho pode ser uma forma de equilibrar um pouco a natureza Vata. Um trabalho que envolva uma quantidade sensata de competitividade pode aumentar sua natureza Pitta e ajudá-lo a definir e cumprir metas. Em contrapartida, um trabalho que exige que você cuide de pessoas ou animais pode ajudá-lo a aumentar seu Kapha e, portanto, a cuidar melhor também de seu dinheiro, diminuindo suas despesas e/ou dando mais valor ao dinheiro economizado. Se equilibrar sua natureza Vata não for possível ou não for o suficiente para colocá-lo no caminho certo, você precisará encontrar um parceiro financeiro para ajudá-lo. Para aumentar sua probabilidade de sucesso, você terá que ser um especialista em ler a mente de seu parceiro. O parceiro escolhido deve ser alguém em quem você confia muito, pode ser um marido/esposa, uma mãe, um irmão ou outra pessoa que seja muito sincera com você e esteja sempre presente. Um parceiro do tipo Pitta pode ajudá-lo a definir suas metas de poupança e a fazê-lo cumprir com perseverança. Ele poderia se concentrar no uso inteligente de sua natureza competitiva para aumentar sua renda, dando-lhe idéias e alternativas para usar seu talento. Por isto que tantos atores e músicos inteligentes falam: "você tem que falar com o meu empresário para me contratar". Uma pessoa Kapha pode ajudá-lo a entender o que é realmente importante em sua vida e a fazer um plano de redução de custos, mas também a ter o cuidado de deixá-lo confortável com suas metas de economia para que você não se sinta com "claustrofobia financeira".

Liberdade Financeira Ayurvédica: Insights de Minha Jornada

Escolher cuidadosamente o seu parceiro para a jornada pela liberdade financeira também é essencial, pois você pode encontrar muitas pessoas do tipo Pitta ou Kapha sem nenhuma inclinação para o caminho da liberdade financeira. Por exemplo, uma pessoa do tipo Pitta facilmente pode competir com outras pessoas que gastam mais dinheiro. Uma pessoa do tipo Kapha pode acumular coisas em sua casa sem nenhum valor comercial, como artigos de decoração caros ou coisas que só consomem dinheiro do seu bolso, em vez de investir em imóveis para alugar ou em empresas que paguem dividendos. Assim nenhum deles chegará à liberdade financeira.

Recentemente, uma amiga minha, do tipo Vata, uma artista, me pediu ajuda porque estava muito preocupada com sua situação financeira. Conversando com ela, percebi imediatamente o motivo pelo qual ela sempre tinha tantas dívidas. Além disso, a falta de dinheiro não tinha nada a ver com o senso comum que diz que "os artistas" não são bem pagos. Minha sugestão a ela foi criar um negócio muito bem remunerado no qual ela ensinaria dança espontânea a crianças. Eu já a tinha visto dançando com seu filho espontaneamente e se divertindo muito. Então a idéia era bem simples, ela reservaria um horário na agenda, uma ou duas vezes por semana, para dançar com o filho e deixava aberto para outras crianças participarem também. Ela deveria cobrar o que ela sentia que era o aplicável para uma aula de dança. No começo ela estava muito animada, mas depois de apenas alguns minutos todo o entusiasmo se foi. Como dizem os ensinamentos do Ayurveda, metaforicamente, o movimento da natureza Vata consome muita energia e se dissipa rapidamente como o vento (ar em movimento). Enquanto eu estava conversando com ela sobre os passos necessários para preparar esta nova aula de dança, observei sua energia se dissipando na minha frente. Portanto, se você perceber essa natureza dentro de você, não fique desapontado. Após sua aceitação, peça a alguém para ajudá-lo a realizar as etapas seguintes que você não pode fazer sozinho. Assim, você pode manter sua criatividade e mover a dança da energia Vata sem arruinar com as suas finanças.

Capítulo 5

LIBERDADE ATRAVÉS DO DINHEIRO VERSUS LIBERDADE DO DINHEIRO

"Habilidades de leitura de mentes, que compreende entender sua própria mente e a de seu parceiro ou sócio, pode ser uma ferramenta muito poderosa para ajudá-lo a alcançar a liberdade financeira."

Diego Tresinari

Nos capítulos anteriores, enfatizei muito as vantagens de observar sua própria mente antes de definir sua estratégia para o projeto de liberdade financeira. Finalizei minha argumentação com uma opinião muito pessimista sobre o estabelecimento de uma estratégia para uma pessoa que tem uma energia Vata mais pronunciada. Neste capítulo, falarei sobre uma exceção que pode acontecer.

Visto que tenho uma constituição secundária de natureza Vata, freqüentemente tive e ainda tenho pensamentos do tipo Vata que poderiam me sabotar durante minha jornada pela liberdade financeira. Por outro lado, outro pensamento, que também é fornecido pela mesma fonte Vata, também apareceu equilibrando o primeiro. Esse pensamento permanente era que eu poderia alcançar a liberdade por meio do dinheiro. Enquanto isso, com o objetivo de enriquecer, uma pessoa do tipo Pitta pode ser motivada pela ambição de obter dinheiro, poder, prestígio e assim por diante; e uma pessoa do tipo Kapha pode ser motivada pelo medo, medo de não ter dinheiro ou conforto, ou seja, a segurança que o dinheiro pode proporcionar. Uma pessoa do tipo Vata pode usar como motivação o desejo de liberdade. E, pela minha experiência, o dinheiro aliado ao autoconhecimento pode realmente trazer a liberdade desejada pela natureza Vata.

Pelo contrário, se você tem tão pouca natureza Vata em você, provavelmente não sentirá esse desejo de liberdade e poderá ficar preso no "Ciclo de poupar dinheiro" (Figura 4). Você pode pensar que ficar preso neste ciclo que meus avós ficaram é muito melhor do que ficar preso no ciclo consumista da classe média que nunca acumula patrimônio. Mas posso garantir por experiência própria que ficar livre dos dois ciclos deve ser sua meta para ter uma vida feliz e realmente plena.

Eu sei que tenho um trabalho muito difícil a fazer. Primeiro, tenho que motivá-lo a economizar dinheiro e, depois, te ajudar a fazer o uso correto de sua natureza intrínseca. Se você tem uma natureza Pitta, devo ajudá-lo a direcionar essa energia para o alvo certo, ou seja, liberdade financeira. Ou, se você tem uma natureza Kapha, tenho que mudar sua mente bem treinada para que você não fique preso no "Ciclo de poupar dinheiro". Sim, pode parecer quase impossível, mas te asseguro que vale a pena. Além disso, muito pode ser aproveitado durante a jornada.

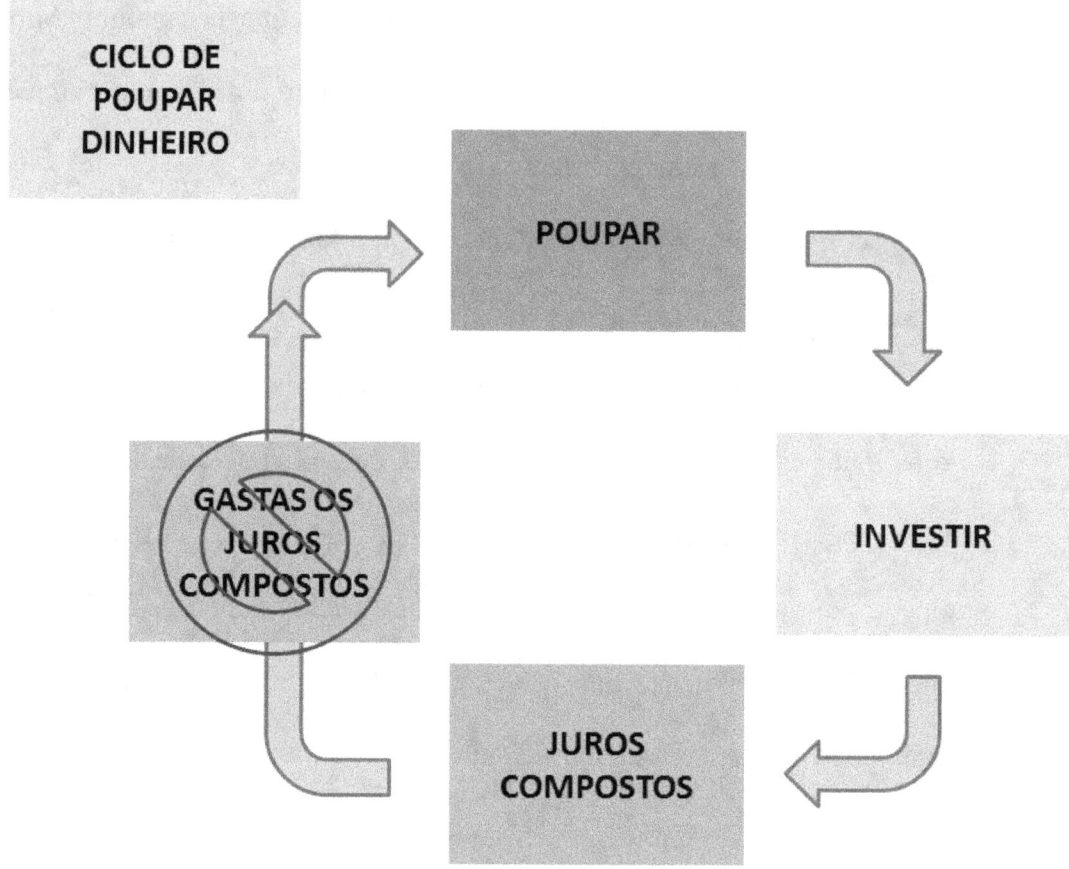

Figura 4. Ciclo de poupar dinheiro.

Quando eu era adolescente e já havia perdido a ilusão de que meu pai era um herói, tive uma espécie de percepção da natureza Ayurvédica de meu pai. Meu pai era um motorista muito lento, em outras palavras pode-se dizer que ele era um motorista muito cuidadoso, mas sem dúvida qualquer passageiro ficaria extremamente entediado após 30 minutos de passeio e pediria que ele se apressasse um pouco. Em uma dessas viagens sem fim, enquanto ficava entediado olhando pela janela, comecei a pensar na correlação entre a maneira como as pessoas dirigem e sua personalidade. Ficou claro para mim que meu pai tinha um "fogo" muito baixo, ou seja, natureza "Pitta", ele era uma pessoa muito cuidadosa, provavelmente uma pessoa do tipo "Kapha". O engraçado é que minha mãe era o oposto. Ela dirigia muito rápido (Natureza Vata), reclamando e se irritando (Natureza Pitta) com os carros lentos em seu caminho assim como o meu avô, seu pai, também fazia. Não foi nenhuma surpresa que o casamento deles não durou muito. Eles eram tão diferentes que não se entendiam, nem na vida cotidiana nem nas finanças. Enquanto estavam juntos, não puderam economizar quase nada em dinheiro. Minha mãe chegou a destacar profissionalmente tendo um crescimento exponencial de seu salário (Natureza Pitta), mas gastava tudo (Natureza Vata) e meu pai tinha um salário baixo, porém sempre constante (Natureza Kapha), embora economizasse um pouco, usava muito jogando em loterias para tentar ficar rico. Depois que eles se divorciaram, minha mãe percebeu que estava fazendo tudo errado com relação ao dinheiro, ela não tinha dinheiro guardado e além tinha um financiamento imobiliário vindo da falácia do "sonho da casa própria" que habita a mente dos Brasileiros. Ela teve que começar do zero, tinha perdido o emprego que pagava superbem e o apartamento que havia financiado estava entrando em leilão por falta de pagamento das parcelas. Então, decidiu se mudar para uma nova cidade comigo pequeno (uns 10-11 anos) e conseguiu um novo emprego. Desta vez ela foi mais cuidadosa com a questão financeira, mais por causa da situação e da necessidade do que por causa de sua alteração consciente de sua natureza Vata-Pitta. E com o passar dos anos ela pode construir uma vida confortável. Agora ela é uma senhora aposentada, com mais de 60 anos, mas com imóveis e um bom dinheiro guardado e com uma vida muito tranqüila financeiramente. A história do meu pai foi um pouco diferente. Ele não teve um final tão feliz e nem exponencial. Após um tempo depois que meus pais se divorciaram, o meu pai se casou novamente e a sua história financeira com a nova esposa não mudou muito, apesar de ele achar que a culpa de seu não enriquecimento houvesse sido da minha mãe. Embora sempre economizasse dinheiro como um Kapha costuma fazer, ele não sabe como investir (comprar ativos), e por medo de perder dinheiro ou por ser "cabeça dura" mesmo recusa qualquer ajuda, assim que seu dinheiro sempre acaba perdendo valor pela inflação ou é transferido para a empresa de carros Volkswagen pela troca de carro a cada 4-5 anos; o mesmo modelo Gol de sempre, hábito que os Kaphas geralmente têm em comum, de serem pessoas fiéis a um mesmo carro a vida toda.

Este exemplo mostra como você pode quebrar o ciclo consumista (minha mãe) ou ser mantido nele sem obter qualquer liberdade ou paz (meu pai), se assim posso dizer. Também destaca a importância de ter uma certa coragem Pitta e aprender o que fazer com o dinheiro economizado. Algumas idéias sobre esse último assunto: a importância dos investimentos, juros compostos e rentabilidade para o caminho pela liberdade financeira serão discutidas nos próximos capítulos.

Capítulo 6

INSIGHTS DE MINHA JORNADA PELA LIBERDADE FINANCEIRA: USE OS JUROS COMPOSTOS A SEU FAVOR

"Os juros compostos são a oitava maravilha do mundo. Quem entende, ganha... quem não... paga."

Albert Einstein

O primeiro insight de minha jornada pela liberdade financeira que compartilharei com você está relacionado ao uso de juros compostos a seu favor. Com o efeito dos juros compostos, qualquer juro ganho imediatamente começa a render juros sobre si mesmo. Portanto, esta é uma maneira de ajudar seu dinheiro a trabalhar para você. Eu comecei com esse insight porque a capacidade dos juros compostos é sempre subestimada pelos investidores iniciantes.

Após a conquista da liberdade financeira comecei a dar aulas na Universidade onde trabalhava como Pesquisador na área de Engenharia Econômica e Ciência e Technologia de Alimentos de como investir à jovens de 18 a 20 anos. A primeira dúvida que eles geralmente tinham era relacionada à como maximizar a taxa de retorno do investimento. Sempre tentei convencê-los de que é melhor e mais seguro no começo se concentrar em maximizar os juros compostos de todo o patrimônio ao invés das rentabilidades individuais de cada investimento em seu inicio de jornada pela liberdade financeira, pois de nada adianta ganhar 100 % em alguns meses com um Investimento em que você somente colocou 5 reais, pois 100 % de 5 reais dá 10 reais e com 10 reais se compra somente um sanduíche.

Eu costumo usar 3 exemplos em minhas aulas, pensando que parte dos alunos seria provavelmente mais ambiciosa (tipo Pitta) do que outra parte (tipos Kapha e Vata). O primeiro exemplo que usava era: 'o dinheiro pode trabalhar para você'. Como todo bom profissional, com o tempo o dinheiro também vai melhorando como trabalhador e conseqüentemente passa a ganhar uma remuneração maior. Nesta abstração, você como empregador deve contratar-lo o quanto para ver e usufruir financeiramente deste seu aprimoramento por mais tempo. O segundo exemplo era para as pessoas que sonhavam em trabalhar em uma empresa que tivesse plano de saúde e previdência privada, ou seja, pessoas do tipo Kapha, mais orientadas para o medo. Para eles, tento convencê-los de que os juros compostos funciona como uma empresa que ajuda você a custear sua previdência privada. No início a empresa ajuda você com apenas uma pequena porcentagem em comparação com seus depósitos pessoais, mas por volta de 10 anos é como se a empresa estivesse ajudando com a mesma quantia que você está depositando mensalmente e depois de apenas 15 anos a empresa começa a pagar 2/3 do depósito mensal total e você apenas 1/3. Finalmente, para as pessoas do tipo Vata, meu argumento era que juros compostos é a melhor maneira de trabalhar menos, obter liberdade financeira e se aposentar viajando pelo mundo.

A seguir (Figura 5/Tabela 1) apresentarei alguns números a fim de demonstrar a vocês o real poder dos juros compostos, que deixou Einstein chocado e me faz rir a cada dia que vejo meu dinheiro crescendo sem meu esforço. E só contratei meu melhor funcionário há um pouco mais de 10 anos, então imagine como será daqui a 20, 30, 40 ou 50 anos.

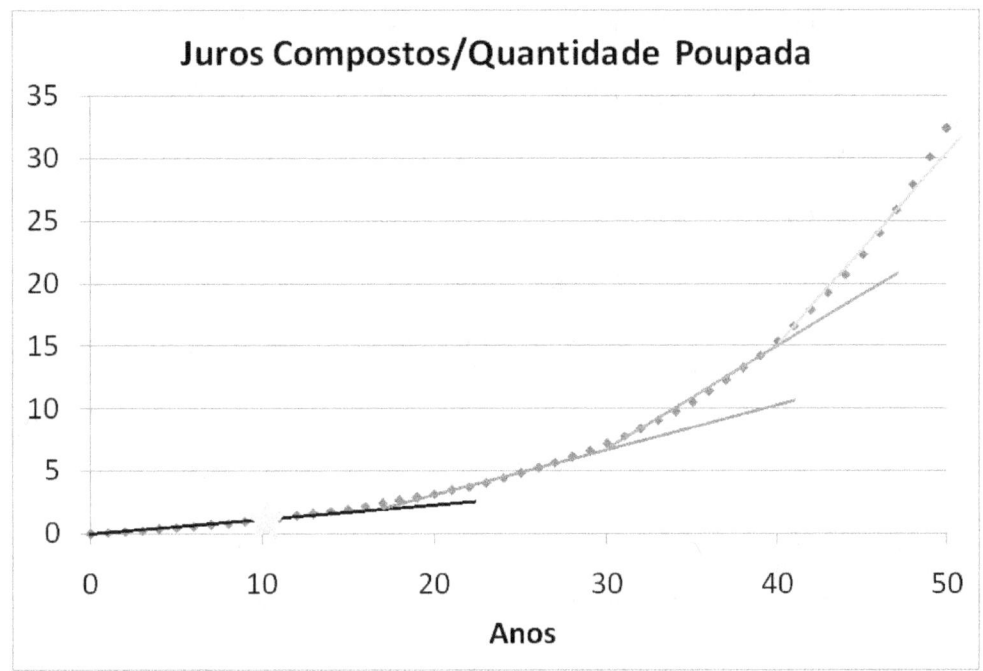

Figura 5. Efeito na proporção juros compostos/quantidade poupada ao longo do tempo usando dados simulados.

Tabela 1. Efeito da proporção juros compostos/poupança ao longo do tempo usando dados simulados.

Ano	Quantidade Poupada (Mensal)	Quantidade Poupada (Anual)	Patrimônio Líquido	Quantidade oriunda dos Juros Compostos	Proporção Juros Compostos/ Quantidade Poupada

1	R$ 500,00	R$ 6.000,00	R$ 6.000,00	R$ 540,00	0,09
2	R$ 525,00	R$ 6.300,00	R$ 12.840,00	R$ 1.155,60	0,18
3	R$ 550,00	R$ 6.600,00	R$ 20.595,60	R$ 1.853,60	0,28
4	R$ 575,00	R$ 6.900,00	R$ 29.349,20	R$ 2.641,43	0,38
5	R$ 600,00	R$ 7.200,00	R$ 39.190,63	R$ 3.527,16	0,49
6	R$ 625,00	R$ 7.500,00	R$ 50.217,79	R$ 4.519,60	0,60
7	R$ 650,00	R$ 7.800,00	R$ 62.537,39	R$ 5.628,37	0,72
8	R$ 675,00	R$ 8.100,00	R$ 76.265,76	R$ 6.863,92	0,85
9	**R$ 700,00**	**R$ 8.400,00**	**R$ 91.529,67**	**R$ 8.237,67**	**0,98**
10	**R$ 725,00**	**R$ 8.700,00**	**R$ 108.467,34**	**R$ 9.762,06**	**1,12**
11	R$ 750,00	R$ 9.000,00	R$ 127.229,40	R$ 11.450,65	1,27
12	R$ 775,00	R$ 9.300,00	R$ 147.980,05	R$ 13.318,20	1,43
13	R$ 800,00	R$ 9.600,00	R$ 170.898,26	R$ 15.380,84	1,60
14	R$ 825,00	R$ 9.900,00	R$ 196.179,10	R$ 17.656,12	1,78
15	**R$ 850,00**	**R$ 10.200,00**	**R$ 224.035,22**	**R$ 20.163,17**	**1,98**
16	R$ 875,00	R$ 10.500,00	R$ 254.698,39	R$ 22.922,85	2,18
17	R$ 900,00	R$ 10.800,00	R$ 288.421,24	R$ 25.957,91	2,40
18	R$ 925,00	R$ 11.100,00	R$ 325.479,15	R$ 29.293,12	2,64
19	R$ 950,00	R$ 11.400,00	R$ 366.172,28	R$ 32.955,51	2,89
20	R$ 975,00	R$ 11.700,00	R$ 410.827,78	R$ 36.974,50	3,16
21	R$ 1.000,00	R$ 12.000,00	R$ 459.802,28	R$ 41.382,21	3,45
22	R$ 1.025,00	R$ 12.300,00	R$ 513.484,49	R$ 46.213,60	3,76

23	R$ 1.050,00	R$ 12.600,00	R$ 572.298,09	R$ 51.506,83	4,09
24	R$ 1.075,00	R$ 12.900,00	R$ 636.704,92	R$ 57.303,44	4,44
25	R$ 1.100,00	R$ 13.200,00	R$ 707.208,36	R$ 63.648,75	4,82
26	**R$ 1.125,00**	**R$ 13.500,00**	**R$ 784.357,12**	**R$ 70.592,14**	**5,23**
27	R$ 1.150,00	R$ 13.800,00	R$ 868.749,26	R$ 78.187,43	5,67
28	R$ 1.175,00	R$ 14.100,00	R$ 961.036,69	R$ 86.493,30	6,13
29	R$ 1.200,00	R$ 14.400,00	R$ 1.061.929,99	R$ 95.573,70	6,64
30	R$ 1.225,00	R$ 14.700,00	R$ 1.172.203,69	R$ 105.498,33	7,18
31	R$ 1.250,00	R$ 15.000,00	R$ 1.292.702,03	R$ 116.343,18	7,76
32	R$ 1.275,00	R$ 15.300,00	R$ 1.424.345,21	R$ 128.191,07	8,38
33	R$ 1.300,00	R$ 15.600,00	R$ 1.568.136,28	R$ 141.132,26	9,05
34	R$ 1.325,00	R$ 15.900,00	R$ 1.725.168,54	R$ 155.265,17	9,77
35	R$ 1.350,00	R$ 16.200,00	R$ 1.896.633,71	R$ 170.697,03	10,55
36	R$ 1.375,00	R$ 16.500,00	R$ 2.083.830,74	R$ 187.544,77	11,37
37	R$ 1.400,00	R$ 16.800,00	R$ 2.288.175,51	R$ 205.935,80	12,26
38	R$ 1.425,00	R$ 17.100,00	R$ 2.511.211,31	R$ 226.009,02	13,22
39	R$ 1.450,00	R$ 17.400,00	R$ 2.754.620,32	R$ 247.915,83	14,25
40	R$ 1.475,00	R$ 17.700,00	R$ 3.020.236,15	R$ 271.821,25	15,36
41	R$ 1.500,00	R$ 18.000,00	R$ 3.310.057,41	R$ 297.905,17	16,55
42	R$ 1.525,00	R$ 18.300,00	R$ 3.626.262,57	R$ 326.363,63	17,83
43	R$ 1.550,00	R$ 18.600,00	R$ 3.971.226,21	R$ 357.410,36	19,22
44	R$ 1.575,00	R$ 18.900,00	R$ 4.347.536,56	R$ 391.278,29	20,70

45	R$ 1.600,00	R$ 19.200,00	R$ 4.758.014,86	R$ 428.221,34	22,30
46	R$ 1.625,00	R$ 19.500,00	R$ 5.205.736,19	R$ 468.516,26	24,03
47	R$ 1.650,00	R$ 19.800,00	R$ 5.694.052,45	R$ 512.464,72	25,88
48	R$ 1.675,00	R$ 20.100,00	R$ 6.226.617,17	R$ 560.395,55	27,88
49	R$ 1.700,00	R$ 20.400,00	R$ 6.807.412,72	R$ 612.667,14	30,03
50	**R$ 1.725,00**	**R$ 20.700,00**	**R$ 7.440.779,86**	**R$ 669.670,19**	**32,35**

Na simulação apresentada foi considerada uma taxa de inflação de 5% e uma rentabilidade dos investimentos de 9% ao ano (isto é 4% ao ano real excluindo a inflação de 5%), o que é uma aproximação das taxas brasileiras na época da redação deste livro (2017-2020). O valor poupado mensalmente considerado foi fixado em R$ 500,00 mensais, totalizando R$ 6.000,00 no primeiro ano. Esse valor, na minha opinião, é relativamente acessível para a maioria das pessoas de classe média do Brasil. Por exemplo, em 2009, no início de nossa jornada pela liberdade financeira, minha esposa e eu juntos economizamos R$ 2.400,00 mensais.

O uso da inflação foi considerado para manter o valor do dinheiro ao longo do tempo. Assim, no segundo ano, ao invés de apenas R$ 6.000,00, deve-se economizar R$ 6.300,00 (R$ 25 a mais por mês; valor poupado de R$ 525) para eliminar os efeitos da inflação (5%) e assim por diante.

Liberdade Financeira Ayurvédica: Insights de Minha Jornada

Conforme dito anteriormente, na Tabela 1, foi indicado que em torno de 9 a 10 anos o mesmo valor que foi poupado (R$ 8.300) é ganho com os juros compostos (Proporção Quantidade Juros Compostos/Poupada = 1), e após apenas 15 anos o valor dos juros compostos gerados estará representando 2/3 do total do depósito mensal [R$ 20.163,17/(R$ 10.200,00 + R$ 20.163,17)]. Portanto, o valor ganho com juros compostos naquele ano (R$ 20.163,17) será quase o dobro (1,98 vezes) do valor economizado de R$ 10.200,00 no mesmo ano. Já no ano 5, observa-se o contrário, pois R$ 3.527,16 é ganho com juros compostos e R$ 7.200,00 é o valor economizado com o salário naquele ano.

Se você ainda não está animado com os números que apresentei, posso mostrar mais alguns. Por exemplo, se você iniciar com o plano de liberdade financeira descrito poupando R$ 500,00 mensais neste ano, após 26 anos o valor ganho com juros compostos será aproximadamente 5,23 vezes do valor economizado R$ 13.500,00 (R$ 70.592,14) (calculado levando em consideração o valor de R$ 6.000,00 economizados no primeiro ano do seu plano). E, se você tiver paciência para manter seu plano por mais 24 anos, no ano 50 de seu plano de liberdade financeira o valor ganho com juros compostos (R$ 669.670,19) será 32,35 vezes o valor economizado daquele ano (R$ 20.700,00). Portanto, começar o mais rápido possível é a melhor maneira de iniciar sua jornada pela liberdade financeira no que diz respeito à matemática financeira. Por outro lado, se você não tem 20-30 anos de idade e provavelmente não tem 50 anos para viver a partir de agora, por favor, não fique triste, liberdade financeira é para todos e te animo a começar a sua jornada independentemente da sua idade hoje. Aliás, um dos meus planos pessoais é dar aula sobre investimentos à idosos da terceira idade num programa dentro da Unicamp em breve.

Mudando um pouco a perspectiva para inspirar o máximo possível de leitores a fazer sua própria jornada pela liberdade financeira, você pode fixar sua visão no incrível valor total de R$ 7.440.779,86 após 50 anos, se você começasse aos 20 anos seria um multimilionário ao chegar aos 70. Se você só quer ter um milhãozinho são necessários alguns anos a menos, só 28-29 anos, então se você seguir um plano como esse economizando R$ 500,00 por mês no primeiro ano R$ 525,00 no segundo e assim por diante, você pode ter aproximadamente R$ 1 milhão com 48-49 anos. Bom né? Mas te digo que na maioria das vezes como vamos aprendendo com a jornada a rentabilizar melhor nosso dinheiro e a importância de ter um valor de despesa bem controlado este tempo para os que permanecem tende a cair muito. Este efeito poderíamos chamar de "Juros Compostos

Colaterais da Jornada". Tenho certeza que este efeito colateral é o único que existe que tem efeito positivo e todos desejam que ele realmente aconteça.

Nos capítulos seguintes apresento dados pessoais reais. Diferentemente do plano apresentado na Figura 5/Tabela 1 os aportes mensais foram realizados não seguindo um valor fixo corrigido pela inflação, mas seguindo o aumento de salário e renda proveniente dos investimentos recebidos. Assim é apresentada a minha jornada pela liberdade financeira que foi não linear, mas em contrapartida seguiu tendência similar. Além disso, a seguir discutirei um pouco sobre outros insights interessantes além do uso dos juros compostos, a fim de encorajá-lo a seguir uma jornada semelhante. Se você quiser compartilhar comigo suas percepções sobre sua jornada pela liberdade financeira, envie um e-mail para diego_tresinari@yahoo.com.br ou mensagem no WhatsApp: (19)99805-0484. Será um prazer receber uma mensagem sua.

Capítulo 7

INSIGHTS DE MINHA JORNADA PELA LIBERDADE FINANCEIRA: INVESTIR PENSANDO NA LIBERDADE FINANCEIRA

"Esta noite estou indo. Sem saber para onde irei. Vou apenas seguir as estrelas. Esta noite estou indo. Estou vivendo meu destino. Minha jornada é minha liberdade."

Tal Benyerzi (Cantora Francesa)

É claro que o impacto, conforme descrito no capítulo anterior, dos juros compostos é enorme em qualquer jornada pela liberdade financeira.

Liberdade Financeira Ayurvédica: Insights de Minha Jornada

Por outro lado, minha própria experiência demonstrou que o insight "Invista pensando na liberdade financeira" tem relevância semelhante.

Liberdade financeira é a condição de ter renda suficiente para pagar as despesas mensais pelo resto da vida, sem ter que estar empregado ou dependente de terceiros. Neste livro, evitei a terminologia mais comumente usada "independência financeira", uma vez que, como mostra a história de constituição dos países, tornar-se independente é diferente de tornar-se livre. E como posso começar do início da minha jornada pela liberdade financeira investindo dinheiro pensando em liberdade financeira, já que o objetivo está tão longe? Sim, este é um dos melhores paradoxos que você pode encontrar no mundo das finanças e investimentos. Se você investir em um instrumento de dívida com promessa de devolver o dinheiro com juros fixos como títulos públicos e CDBs, por exemplo, quanto maior o horizonte de tempo que você tem para deixar seu dinheiro neste investimento maior será a taxa de juro fixo que você pode obter. Portanto, a idéia de ter um plano financeiro organizado, que permite manter uma quantia de dinheiro "bloqueada" durante um horizonte de tempo fixo é uma estratégia muito boa para reduzir o tempo para atingir a liberdade financeira (na Espanha e na Argentina, por exemplo, o nome deste tipo de investimento é "Depósito a Plazo Fijo", depósito a prazo fixo).

Na realidade nem todo instrumento de dívida bloqueia dinheiro por isto o coloquei previamente entre aspas, alguns você pode vender antes do horizonte de tempo definido e às vezes com uma valorização que pode impulsionar ainda mais o retorno do seu investimento. Como essa estratégia é semelhante à que investidores profissionais fazem no mercado de ações por meio de análises Fundamentais e/ou Gráficas, não entrarei nesse assunto neste livro. Por outro lado, se você quiser saber mais e aprender por meio de mentorias, pode entrar em contato comigo e arranjaremos uma maneira de marcar uma reunião. À medida que continuo viajando pelo mundo, agora para lazer e não mais para fins de trabalho científico desde que deixei meu emprego formal em 2018, talvez eu possa passar perto de você e possamos ter um encontro pessoal ou mesmo on-line.

Na Figura 6 é apresentado os dados reais da minha jornada pela liberdade financeira até o final de 2018. Também é indicado o impacto no retorno do investimento obtido com a utilização da estratégia "Investir pensando na liberdade financeira". Quando comparada com a estratégia simulada anteriormente, que considera um montante fixo de poupança mensalmente, como podemos observar na Figura 6, que a apesar da não linearidade podemos concluir que o retorno do investimento e a relação quantidade juros compostos/poupança foram semelhantes ao longo do período considerado (11 anos). Assim que, um retorno real do investimento semelhante ao simulado foi obtido, isto é em torno de 5-6% ao ano, considerando uma taxa de inflação de 5% e uma taxa de juros nominal aproximada de 9-10% ao ano. Obviamente, para usar essa estratégia, você deve primeiro manter uma quantia fixa de suas economias em um investimento que possa sacar a qualquer hora que quiser. Após a construção deste fundo de emergência, que geralmente recomendo manter pelo menos um valor equivalente a 6 a 12 vezes as suas despesas mensais, você pode usar minha estratégia com segurança.

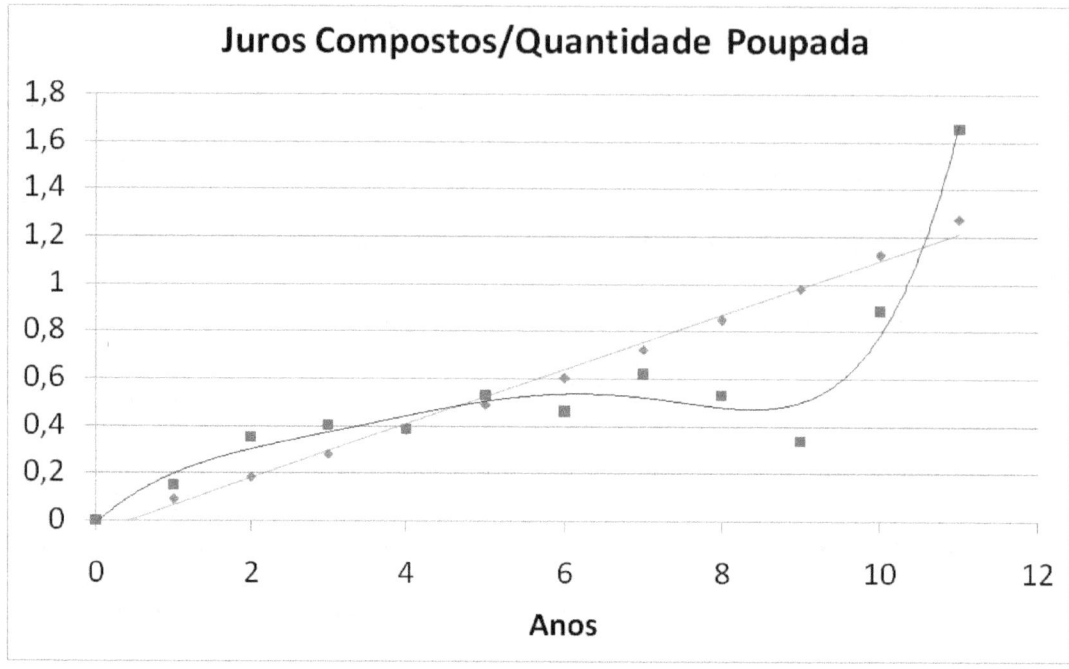

Figura 6. Efeito na proporção juros compostos/quantidade poupada ao longo do tempo (plotado em in ■ dados reais – A quantidade de juros compostos está relacionada a juros compostos efetivamente oriundo das aplicações financeiras como rentabilidade líquida + valor estimado de valorização de ativos; plotado em ◊ dados simulados - A quantidade de juros compostos está relacionada a juros compostos somente oriundo das aplicações financeiras).

Diferentemente da simulação feita anteriormente, os dados reais mostram que ao invés de ter apenas rendimentos passivos de investimentos, como podemos obter quando investimos em Títulos de dívidas, por exemplo, o efeito na proporção juros compostos/quantidade poupada ao longo do tempo aumenta não linearmente pela combinação de juros compostos mais valorização estimada de ativos (Figura 6). Em 2009, por exemplo, obtivemos nosso primeiro empréstimo hipotecário para comprar um apartamento de 2 quartos que terminamos de pagar em 2013 (após 4 anos de financiamento); onde vivemos até o início de 2019. Além disso, obtivemos mais dois empréstimos hipotecários para comprar dois terrenos para construção de moradia para estudantes universitários, que compramos em 2011 e 2013, e concluímos o pagamento em 2013 e 2015, respectivamente (após 2 anos de financiamento). Uma vez que os empréstimos hipotecários que obtivemos foram apenas por um período muito curto de tempo, 2 a 4 anos, os juros pagos não teve um impacto negativo no nosso caminho de liberdade financeira, uma vez que esta estratégia foi usada como alavancagem financeira consciente. O mesmo não acontece se vc pagar financiamento por 30-35 anos. Alavancagem é uma estratégia de investimento de usar dinheiro emprestado - especificamente, o uso de instrumentos financeiros ou capital emprestado - para aumentar o retorno potencial de um investimento e/ou para financiar ativos.

Então, até 2015 usei Alavancagem Financeira para comprar Imóveis como não tinha o capital total e posteriormente mudei minha estratégia para o uso "inteligente" de títulos públicos, fundos imobiliários e ações (considerando estratégias de timing; ou seja, comprá-los e vendê-los em períodos oportunos), pois esta última estratégia se mostrou mais adequada na minha opinião para aquele que investe pensando na liberdade financeira. Como você pode ver na Figura 6, a relação Juros Compostos + Valorização de Ativos / Quantidade Poupanda (plotados em ■) ao longo do tempo foi muito oscilante e o retorno obtido não foi tão diferente daquele que poderia ser obtido com instrumentos de dívida brasileira que estavam disponíveis para compra durante o mesmo período.

Capítulo 8

INSIGHTS DE MINHA JORNADA PELA LIBERDADE FINANCEIRA: DEFINA SEU ESTILO DE VIDA

"[...] quando eu compro algo, ou você, não compramos com dinheiro, compramos com o tempo de vida que tivemos de gastar para ter esse dinheiro. Mas com esta diferença: a única coisa que não se pode comprar é a vida. A vida se gasta. E é miserável gastar a vida para perder liberdade."

José Mujica

Normalmente vamos seguindo a vida no piloto automático e não paramos para realmente reflexionar. Seguimos caminhos já trilhados sem se perguntar quem os trilhou e para que ele foi trilhado. A realidade é que seguimos um padrão robótico como formigas. Independentemente de você viver, em um país pobre ou rico, será muito difícil encontrar em seu bairro ou em sua família uma pessoa com liberdade financeira. Pois estamos todos presos nos desejos da sociedade de consumir cada vez mais e trabalhando hoje para pagar o consumo de ontem, no cartão de crédito. Nós nos esquecemos de que "nós compramos coisas com tempo de vida", como diz o ex-presidente uruguaio, José Mujica, em uma citação que minha esposa gosta muito. Nunca refletimos sobre isso quando vamos definir nosso estilo de vida. Diferentemente das formigas, como ser humano, nós temos a opção de viver a vida definindo nosso próprio estilo. Por isso enfatizo a necessidade de planejamento e auto-responsabilidade para os candidatos à liberdade financeira.

Assim, como um primeiro exercício, pense na maneira como você estava vivendo até hoje. Você fez as mesmas coisas que seus pais, amigos e colegas de trabalho fizeram: você se formou na universidade, se casou, comprou um carro e uma casa, teve filhos e assim por diante, não é? Se sua resposta foi sim, sim e sim e você não está financeiramente livre, provavelmente você estava apenas seguindo a vida como os outros sem pensar, como uma formiga ou um cachorro que vê um poste e tem que fazer xixi. Como mencionei antes, não sou uma pessoa totalmente do tipo alternativa ou revolucionária ou algo assim. Fiz as mesmas coisas que meus colegas, mas de uma maneira diferente. E essa pequena diferença fez toda a diferença para minhas finanças pessoais.

Minha esposa e eu nos conhecemos na Universidade em 2003. Ambos iniciamos no mesmo ano o curso de Engenharia Química na melhor Universidade do Brasil, a Universidade de São Paulo (USP). Diferente de outros países, as melhores universidades do Brasil são gratuitas, mas é muito difícil entrar porque você tem que passar por vários testes e tirar boas notas. A universidade em que entramos ficava longe da casa de nossos pais, então dividíamos apartamentos com amigos. Se em 2003 tivéssemos decidido ou fosse a única opção, conseguir um empréstimo para pagar nosso diploma universitário e morar perto de nossos pais, como fizeram alguns de nossos antigos amigos do ensino médio, nossa vida provavelmente seria muito diferente. Provavelmente não estaríamos falando sobre liberdade financeira neste momento e nossa aposentadoria precoce seria apenas um sonho.

Durante a Universidade, depois de termos desfrutado intensamente das festas, dos amigos e do ambiente universitário, sem a presença dos pais, começamos a pensar em como conseguir nosso próprio dinheiro, pois até 2005 todas as nossas despesas estavam sendo pagas pelos nossos pais. Assim, minha esposa e eu (naquela época ela era apenas minha amiga) começamos a fazer pesquisas em um laboratório da Universidade para conseguir uma bolsa de pesquisa de R$ 300. Naquela época meu pai estava me dando R$ 600 mensais, o que custeava minhas despesas totalmente. Como meu pai continuaria pagando essa quantia até eu me formar na faculdade (final de 2007), comecei a economizar dinheiro para desenvolver meu primeiro plano financeiro, que na época já envolveria minha amiga Juliana, que se tornaria minha namorada e esposa seqüencialmente.

Nosso plano financeiro envolvia melhorar nossas habilidades nos idiomas espanhol e inglês usando o mínimo de dinheiro possível. Mais uma vez, pensando fora da caixa e de uma maneira muito diferente que nossos amigos estavam fazendo: pagando escolas de idiomas e/ou intercâmbios institucionais muito caros. Depois que começamos a namorar, decidimos morar juntos para gastar menos dinheiro com aluguel, uma vez que eu morava numa república e ela em outra. Além disso, começamos a fazer renda extra para potencializar a nossa poupança.

Assim, durante 2006-2008, com nosso dinheiro, viajamos juntos para o Chile, Argentina, Uruguai, Irlanda, Irlanda do Norte, Reino Unido e França. Como resultado, melhoramos nossas habilidades nos idiomas Espanhol e Inglês conforme planejado, mas também melhoramos nossas habilidades profissionais, já que no Chile e na Irlanda trabalhamos como pesquisadores voluntários em laboratórios de pesquisa universitários. A experiência foi muito importante e decisiva para conseguir entrar no mestrado e doutorado com bolsa remunerada.

Então, em março de 2008, concluímos nosso primeiro projeto financeiro com sucesso e começamos do zero (sem dinheiro algum, tudo havia sido consumido com as viagens e intercâmbios independentes que fizemos) o nosso projeto mais ambicioso: o projeto de liberdade financeira. Nós tivemos duas bolsas de mestrado aprovadas em uma cidade diferente (Campinas, na UNICAMP de onde cursamos a Universidade (Lorena) e com isto tivemos um sentimento muito bom de parceria e compromisso construído que ainda molda nossa relação de amor até hoje.

A seguir (Figuras 7 e 8) você encontrará nossos dados de fluxo de caixa e porcentagem da renda com salário economizada durante nossa jornada pela liberdade financeira a partir de 2008.

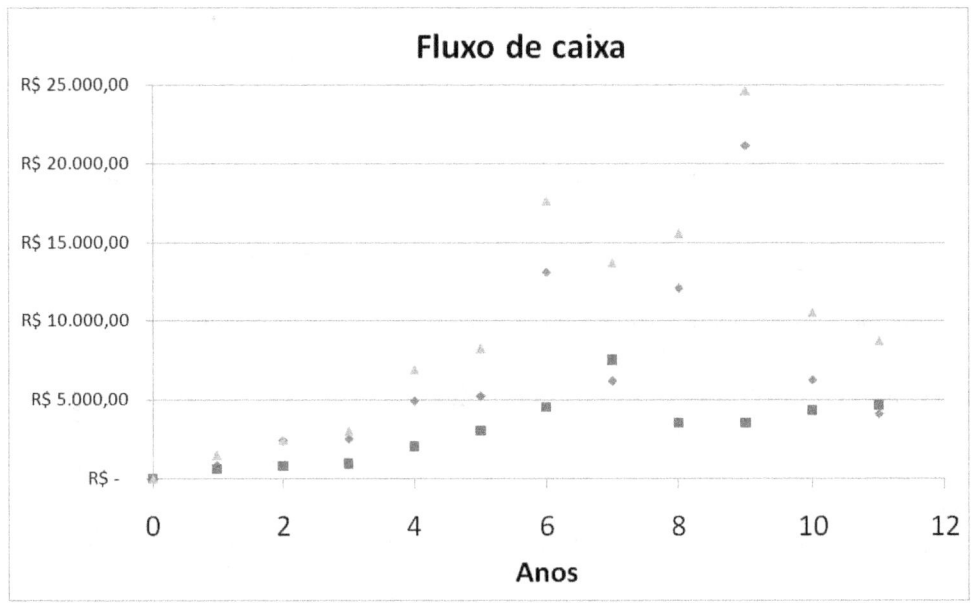

Figura 7. Efeito do fluxo de caixa ao longo do tempo usando dados pessoais reais (plotados em ▲: salário mensal; ◊: quantidade poupada mensal; ■: despesa mensal.

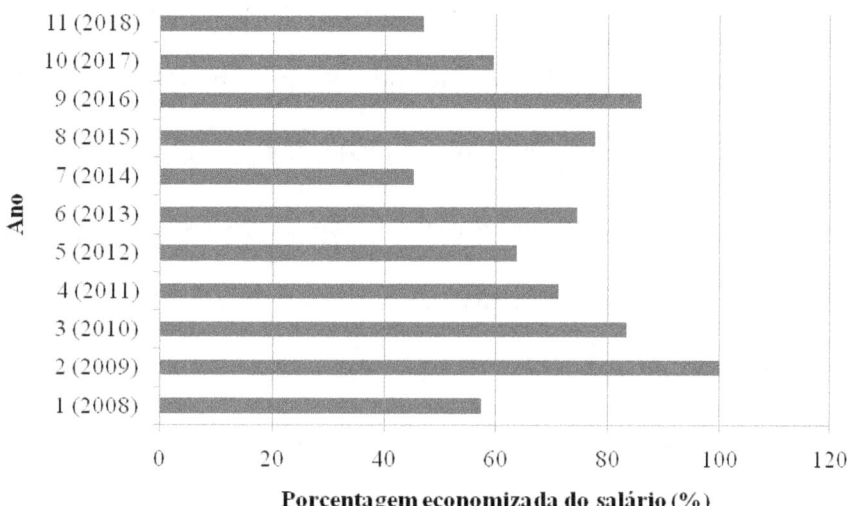

Figura 8. Porcentagem da renda com salário economizada durante nossa jornada pela liberdade financeira.

Conforme você pode observar, desde o início (2008) até o ano 9 (2016) de nosso plano de liberdade financeira, nosso Salário (plotado em ▲ na Figura 7) aumentou exponencialmente juntamente com o valor que poupávamos mensalmente (plotado em ◊), entretanto nossas despesas aumentaram de forma linear menos pronunciada até o ano 7 (2014), (plotado em ■). Nosso primeiro filho nasceu em 2011 (ano 4), então o aumento linear de nossas despesas foi um comportamento muito natural.

Antes das crianças nascerem, passávamos a maior parte do tempo na Universidade em que estávamos trabalhando e não tínhamos muito tempo para gastar nosso salário, assim que um valor abaixo de mil reais era suficiente para cobrir todos os nossos gastos mensais. Além disso, comíamos no restaurante da Universidade porque o preço era muito barato. Assim, restringimos muito nossos gastos. Enquanto isso, começamos a encontrar maneiras de aumentar nossa renda. O resultado direto disso também pode ser visto pelo parâmetro "Porcentagem da renda com Salário economizado" da Figura 8. Até o ano 6 (2013) este parâmetro financeiro variou de 57-100%. O número de 100% obtido em 2009 deveu-se à utilização de alavancagem financeira aplicada no apartamento que adquirimos, quando alugamos o quarto de hóspedes. Então, usávamos nosso salário para pagar o máximo que podíamos da hipoteca, reduzindo a quantidade de juros pagos, e pagávamos nossas despesas somente com o dinheiro do aluguel. Portanto, desde que iniciamos nosso caminho de liberdade financeira, pudemos ver o efeito milagroso de usar seu investimento para gerar renda para nós mesmos. Esse tipo de renda é comumente referido como renda passiva, já que "em teoria" você não precisa ser ativo (atuar), como trabalhar em um emprego comum, para gerá-la. Preferi aqui enfatizar apenas a terminologia "Renda de Salário", pois existem várias outras formas de geração de renda, como aluguel de Imóveis e/ou indiretamente com a valorização de um bem. A Tabela 2 demonstra o efeito dos "Juros Compostos + Valorização de Ativos" ao longo dos anos e sua influência juntamente com o valor economizado para atingir a liberdade financeira. Para estimar o parâmetro "Fator de Liberdade Financeira", foi-se considerado a inclusão do impacto da inflação, e estimou-se com base nos anos anteriores, que 40% de nossos ganhos com investimentos deveriam ser deixados para manter o valor do dinheiro com o tempo.

Tabela 2. Cálculo do fator de liberdade financeira ao longo do tempo usando dados pessoais reais.

Ano	Rentabilidade (%)	Fator de Liberdade Financeira
1 (2008)	15	0,13
2 (2009)	25	0,67
3 (2010)	15	0,66
4 (2011)	15	0,57
5 (2012)	14	0,55
6 (2013)	17	0,81
7 (2014)	**8**	**0,31**
8 (2015)	**10**	**1,09**
9 (2016)	**8**	**1,23**
10 (2017)	5	0,78
11 (2018)	**6**	**0,87**

Pode ser visto, que a partir do ano 7 (2014) a rentabilidade originada dos investimentos, medida aqui pelo efeito combinado de Juros

Compostos + Valorização de Ativos, foi reduzida de 14-25% para a faixa de 5 a 10% ao ano. Isso se deveu principalmente ao efeito da crise econômica no Brasil que interrompeu a valorização contínua de nossos imóveis. Como estávamos naquela época com a maior parte do nosso patrimônio concentrado no apartamento que morávamos e em dois terrenos, sofremos o impacto dessa crise econômica no nosso plano de liberdade financeira.

Então, em 2014 (ano 7) nossa família voltou da Suíça; naquela época éramos uma família de 3 pessoas, meu filho de 3 anos, minha esposa grávida e eu. E eu comecei a estudar sobre diversificação de portfólio de investimentos, mercado de ações, análise gráfica e fundamentalista, economia e assim por diante. Paralelamente, minha esposa e eu começamos a pensar sobre nosso estilo de vida. Se você der uma olhada no parâmetro "Fator de Liberdade Financeira" na Tabela 2, você pode ver que no ano em que estávamos morando na Suíça (2014) esse parâmetro reduziu de 0,81 para 0,31. Como a Liberdade Financeira é alcançada quando este parâmetro é igual ou superior a 1, segundo esta minha abordagem, entendemos que nossas despesas representaram um fator chave que estávamos nos subestimando.

Portanto, após definirmos nosso estilo de vida de forma mais atenta, reduzimos nossas despesas mensais para R$ 3.500,00 (o que representou uma redução de 22,22%). Este valor foi mantido constante durante o ano 8 (2015) e o ano 9 (2016). Pode-se pensar em um primeiro vislumbre que restringimos muito nossos gastos. Mas garanto que não mudamos nada que pudesse nos causar um mau sentimento, como já falei no Capítulo 4. Ao contrário, com aquela redução de R$ 4.500,00 para R$ 3.500,00 aumentamos muito nossa sensação de liberdade e responsabilidade por guiar as próprias rédeas.

Capítulo 9

INSIGHTS DE MINHA JORNADA PELA LIBERDADE FINANCEIRA: DEFINIR UMA TAXA SEGURA DE RETIRADA

"Eles dizem: Pense duas vezes antes de pular. Eu digo: pule primeiro e depois pense o quanto quiser!"

Osho (Guru Espiritual Indiano)

Depois de você seguir os meus insights "usar os juros compostos a seu favor", "investir pensando na liberdade financeira" e "definir o seu estilo de vida", finalmente chegamos ao insight final de nossa jornada "Etapa de Gastar os Juros Ganhos Sustentavelmente". Se você alcançar essa etapa, e espero que o faça mais cedo do que espera, este é o momento em que pode deixar seu emprego e começar a viver apenas dos juros oriundos dos seus investimentos.

Comecei a escrever este livro em outubro de 2017 e hoje estou em março de 2020, quase 3 anos se passaram e algumas boas surpresas aconteceram. O mais relevante foi o nascimento da minha terceira filha, uma menina, em 2018, que novamente foi responsável por mais um aumento de minha natureza Kapha. Hoje com certeza não tenho mais aquele 10% Kapha mencionado antes. Minha esposa e eu decidimos tirar um período sabático para que pudéssemos ter um parto domiciliar e cuidar de nosso novo bebê e família agora com 3 crianças cheias de energia. E enquanto estávamos nesse período sabático, decidimos parar de trabalhar para sempre. Como pode ser visto na Tabela 2, naquela época não estávamos mais com a liberdade financeira matematicamente atingida como estávamos em 2015 e 2016 quando nossas despesas mensais estavam em R$ 3.500, mas como eu estava tendo um desempenho muito bom nos mercados de renda variável e títulos públicos, podíamos aumentar a receita através de uma rentabilidade maior nos investimentos. Portanto, este último capítulo tem uma abordagem completamente diferente. O título, por exemplo, é "Definir uma taxa de retirada segura".

A palavra seguro é totalmente oposta ao significado-chave da citação que selecionei para iniciar este capítulo. Tendo esse começo paradoxal, falarei sobre os últimos anos de minha jornada pela liberdade financeira.

Nós alcançamos matematicamente a liberdade financeira (parâmetro maior que 1) no ano 8 (2015) através da redução brusca de R$ 1.000 em nossas despesas. No ano seguinte, o ponto de liberdade financeira aumentou para 1,23, pois decidimos aceitar o convite de ir à Espanha para um período de pós-doutorado. Deste modo, foi possível aumentar nossa taxa de poupança, pois o custo de vida na Espanha é muito menor do que na Suíça e é semelhante ao Brasil. Desta forma, o Ano 9 (2016) foi o ano em que tivemos o maior Valor de Poupança. Mas, naquela época, percebemos que viajar com as crianças, à medida que elas cresciam, ficava cada vez mais complicado. Eles lutavam para se adaptar em um novo país e sentiam muita falta dos amigos e familiares do Brasil. Então, depois de chegar ao Brasil em 2016, decidimos reduzir a nossa renda de salário aceitando bolsas de pesquisa com valores mais baixos para desacelerar nossa vida agitada. Decidimos passar apenas 2 a 3 meses no exterior quando desejássemos, a fim de respeitar a vontade dos filhos de não se afastar por muito tempo de seus amigos e comunidade no Brasil, mas ao mesmo tempo cedendo ao nosso desejo (Vata-Pitta) de se aventurar e conquistar. Como somos muito comprometidos com a liberdade, minha esposa e eu, depois de viver em culturas diferentes e estudar muito sobre educação, decidimos não seguir o sistema de escolarização tradicional de nossos filhos. Acreditamos que as crianças (assim como os adultos) deveriam ser livres para aprender o que é necessário ou importante para sua vida, e que o sistema escolar tradicional costuma matar a alegria e a vontade de aprender. Embora tenha sido uma grande decisão, foi relativamente fácil. As crianças realmente gostam de aprender fora do ambiente escolar de lousa, carteiras e cadeiras. É incrível como elas aprendem rápido e profundamente com muita motivação no tempo delas.

Conseqüentemente, nos anos seguintes (Anos 10 e 11, 2017 e 2018, respectivamente), após termos atingido à liberdade financeira matematicamente por 2 anos, o parâmetro se reduziu a menos de 1 (0,77 e 0,87), indicando que tínhamos perdido tecnicamente nossa condição de liberdade financeira. Em contrapartida, começamos o ano de 2019 (Ano 12) com a polêmica decisão financeira de tirar um período sabático e nos mudar do nosso próprio apartamento para uma casa maior alugada. Em contraste, tendo a citação de Osho e uma frase semelhante de um amigo próximo em mente, eu tentei pular para um experimento de transformar o período sabático de 1 ano no primeiro ano de nossa aposentadoria precoce (tínhamos 33 anos na época). Vendo que estava obtendo ganhos seqüenciais fazendo negociações com títulos e ações desde 2015, decidi aumentar a quantidade de dinheiro investido e, surpreendentemente, funcionou. Obtive um desempenho semelhante aos dos últimos 4 anos anteriores, mas à medida que aumentava a quantidade de dinheiro nessa estratégia, a quantidade de ganhos aumentava junto; resultando no maior valor do "Fator de Liberdade Financeira" alcançado até agora (1,41), apesar do maior valor de despesa mensal. O aumento da despesa mensal também foi maior por ser a primeira vez que passamos 2 meses no exterior com dinheiro próprio. Normalmente, a gente ficava no exterior trabalhando com todas as despesas pagas pelo contratante. Devo dizer que é a única parte do meu trabalho que sinto falta, pois foi a primeira vez que pagamos tudo nós mesmos, desde passagens aéreas até hospedagem.

Então, para os próximos anos, nossa liberdade financeira estará garantida se eu mantiver o mesmo método de investimento aplicado em 2019 e se este der certo. Parece inseguro, não é? Mas, para os aposentados precoces com uma personalidade como a nossa, encontramos a melhor maneira de passar a vida. Como o dinheiro arrecadado em 2019 foi o suficiente para pagar as despesas anuais e sobrou, mantivemos o valor extra em uma aplicação financeira com liquidez diária. Então, temos os próximos 16 meses de despesas garantidos, excluindo o efeito de juros compostos, que pode garantir o pagamento de alguns meses adicionais. Durante os primeiros meses de 2020 garanti com meus ganhos financeiros de negociação mais 7 meses adicionais de despesas pagas, seguindo nosso estilo de vida cotidiano conscientemente escolhido.

A maioria dos comentários de diferentes autores sobre a taxa de retirada segura ou sustentável para aposentados com 30-40 anos é muito técnica e comumente não vem de pessoas que a vivem. Por volta de 2016, comecei a me questionar sobre isso e não fiquei muito feliz com a idéia de ter um orçamento muito restrito todo mês, novamente senti "claustrofobia financeira". Minha energia Vata estava se sentindo desconfortável com essa situação rígida. Se você não tem muita energia Vata em si mesmo, provavelmente não consegue me entender. Mas se você tiver, você sentirá alguma empatia. Assim, finalizo este livro com um capítulo muito incomum.

Capítulo 10

ANTI-DIRETRIZES PARA REALIZAR UMA JORNADA PELA LIBERDADE FINANCEIRA AYURVÉDICA

"A liberdade é apenas uma oportunidade para você. Não é em si o objetivo. Ela simplesmente lhe dá a oportunidade de fazer o que quiser. Agora você está livre e se sente triste, porque ainda não aproveitou esta oportunidade. A meditação servirá, a música servirá, a escultura servirá, a dança servirá, o amor servirá. Mas faça algo com sua liberdade. Só não sente na sua liberdade, caso contrário você ficará triste."

Osho (Guru Espiritual Indiano)

Liberdade Financeira Ayurvédica: Insights de Minha Jornada

Escrevi este último capítulo pensando em minha querida esposa, a quem também dedico este livro. Este é o meu primeiro livro não científico e sei que não é tão perfeito como gostaria que fosse. Então, ela, além de minha parceira durante minha jornada pela liberdade financeira, também é a editora deste livro.

Em períodos diferentes, ambos passamos pela tristeza que Osho descreve na citação deste capítulo. Após a feliz experiência de alcançar a liberdade financeira, ambos experimentamos a sensação de uma tristeza muito diferente. Eu o chamaria de vazio. É um tipo de falta de energia (mais especificamente energia do tipo Pitta, se você usar a visão Ayurvédica), pois não precisamos mais ficar tensos e com ambição para ganhar dinheiro. Além disso, como nossos desejos de obter coisas fúteis luxuosas pararam muito antes, devido ao nosso entendimento de que alguns desses desejos advêm da sociedade, tivemos esse período triste perdurando por mais tempo. Então, do meu coração (comentário Kapha, né? Falei que minha natureza Kapha estava aumentando), eu realmente desejo que você possa ter uma sensação tão triste e vazia depois de alguns meses após alcançar a sua liberdade financeira. Por outro lado, espero que você passe por essa experiência e alcance a Liberdade Financeira Ayurvédica. Você pode dar um nome diferente, não tem problema, mas a idéia é que você chegue a um ponto em que dinheiro não seja um tema para você.

Portanto, convido você a fazer a jornada da liberdade financeira e desfrutar da liberdade e felicidade plena que brota a partir desse sentimento de tristeza que se instalará no final de sua jornada.

Deixo aqui uma pequena lista das diretrizes que acredito que poderão te ajudar na sua jornada pela liberdade financeira:

1) não siga as diretrizes de ninguém, inclusive as minhas;

2) tenha coragem suficiente para duvidar de sua mente;

3) não foque muito no dinheiro, foque na jornada financeira;

4) envolva as pessoas, viajar sozinho pode ser solitário;

5) não seja muito rígido com suas finanças, a matemática é apenas uma ferramenta e não deve se tornar o mestre;

6) seria uma pena você não ter a experiência de atingir a liberdade financeira Ayurvédica nesta vida, então comece agora mesmo, independentemente da sua idade;

7) você não é sua mente e você não é sua função (mãe, pai, filho, marido, trabalhador, chefe, etc.);

8) você pode aprender muito mais com a vida do que com os livros;

9) tudo o que você está sentindo agora é o resultado do que está sendo alimentado. Alimente-se com uma boa comida para todos os seus sentidos: visão, audição, olfato, paladar e tato (este é o princípio fundamental do Ayurveda);

10) liberdade é a coisa mais importante da vida;

11) aceite-se como você é, mas lembre-se que você pode encontrar alguns parceiros para realizar um melhor plano financeiro;

12) "não pergunte ao barbeiro se você precisa de um corte de cabelo" (citação de Warren Buffett - magnata dos negócios americano, investidor e filantropo, um dos investidores mais ricos do mundo).

Diego Tresinari

Março de 2020

Centro de Estudos Ayurvédicos (Alimentação Saudável, Reeducação e Ayurveda, Brasil)

(WWW.FACEBOOK.COM/CENTRODEESTUDOSAYURVEDICOS)

"Nós o ajudamos a equilibrar sua vida e saúde por meio de programas de mentoria que seguem os ensinamentos Ayurveda (Em Português, Inglês ou Espanhol)"

Existem programas de mentoria online e presencial para equilibrar sua saúde física e mental com orientações sobre dieta, plantas medicinais, exercícios e yoga, meditação, técnicas de relaxamento e controle do estresse, limpeza suave e desintoxicação, trabalho corporal e massagem, rotinas especiais diárias e sazonais.

Diego Tresinari, Ph.D.
Pesquisador (Ciência e Tecnologia de Alimentos)
Campinas-SP, 13045-757, Brasil
E-mail: diego_tresinari@yahoo.com.br / WhatsApp: +55.19.99805.0484

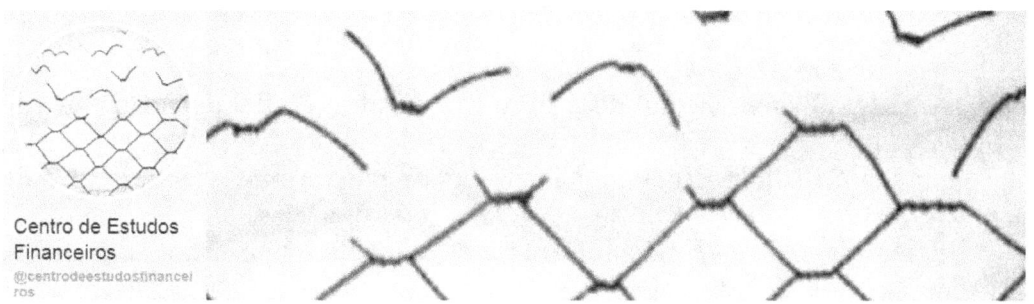

CENTRO DE ESTUDOS FINANCEIROS (CONSULTORIA FINANCEIRA INDEPENDENTE)
(HTTPS://WWW.CENTRODEESTUDOSFINANCEIROS.COM.BR)

O Centro de Estudos Financeiros (CEF) é um centro de desenvolvimento pessoal localizado no centro de Barão Geraldo, Campinas, que tem como objetivo ajudar as pessoas a encontrarem sua lucidez financeira. As 6 ciências norteadoras do CEF são:

1. Analise Gráfica/Técnica dos preços dos ativos;

2. Analise Fundamentalista de empresas e fundos de investimentos imobiliários (Fiis);

3. Análise de cenários macroeconômicos nacional e internacional;

4. Engenharia econômica aplicada à renda fixa, tesouro direto/imóveis/juros compostos/criação de indicador econômico pessoal;

5. Ayurveda para o autoconhecimento;

6. Mindfulness para auto-análise;

O funcionamento do centro se dá através do agendamento de mentoria/consultoria individualizada presencial ou on-line pelo valor de 200 reais por 1 hora e meia no tema desejado pelo interessado. Se o cliente quiser comprar um pacote com 3 sessões daí o valor de cada sessão cai para 150 reais. Com este pacote o cliente consegue ter um aprendizado completo sobre um determinado tema que ele deseja aprender (por exemplo, investir em Fundos de Investimentos Imobiliários ou Ações da Bolsa de Valores usando às Análises Fundamentalistas e Gráficas concomitantemente, etc.). Para o uso deste pacote o cliente tem até um ano para fazer as 3 sessões. De maneira mais comum o cliente prefere fazer 1 sessão por mês ou a cada 15 dias para dar tempo de absorver tudo o que trabalhamos na sessão prévia.

Também há a possibilidade de aprendizado em grupo via cursos on-line ou presencial. Há dois tipos de curso: o "Investidor Lúcido" (6 h, R$ 250) e o "Trader Lúcido" (10 h, R$ 400).

Contato: diego_tresinari@yahoo.com.br ; Tel/WhatApp: (19) 9.9805-0484

FAQ - Perguntas e Respostas Frequentes

Liberdade Financeira Ayurvédica: Insights de Minha Jornada

Com o objetivo de fornecer esclarecimentos acerca dos serviços que o Centro de Estudos Financeiros realiza seguem algumas das Perguntas Frequentes que costumo responder.

1) Irei sair do seu atendimento com o dinheiro já aplicado em um ótimo investimento? Como você trabalha?

Não, eu trabalho de uma maneira diferente dos principais profissionais que trabalham com o tema Investimentos. De maneira geral temos 2 profissionais que atendem às pessoas: o Gerente de Banco e o Assessor de Investimento de Banco ou Corretora. Porém em comum eles têm a mesma abordagem de te deixar dependente das recomendações deles, além do conflito de interesse que acontece ao eles serem pagos por corretagem sobre o produto financeiro (CDB, Fundo DI, Plano de Previdência Privada, Seguro de Vida, etc.) que eles te venderem (assim que de maneira mais comum eles são tentados a te recomendar o produto financeiro que dê melhor corretagem para eles, geralmente Fundos de Investimentos em Ações ou Multimercado). Eu já atuo com uma ótica de te deixar independente de mim e sem conflito de interesse algum, uma vez que eu cobro por tempo gasto em ficar disponível para te atender no tema financeiro que você quiser aprender. Assim como eu orientava alunos de Mestrado e Doutorado em seus respectivos estudos quando atuava como Pesquisador Acadêmico, eu proponho um estudo Financeiro da sua saúde financeira em que você é o "Doutorando" e eu o "Orientador/Supervisor/Mentor" deste estudo, que tem como resultado a melhoria e o entendimento dos seus problemas financeiros e/ou potencialização dos seus ganhos através de melhores investimentos.

2) E se eu somente quiser seguir no padrão comum de você cuidar da minha saúde financeira, tudo bem? Você me atende?

Sim. Algumas pessoas vêm até mim com esta mentalidade e eu as atendo similarmente a um assessor de investimentos sem problemas. Agente faz o procedimento padrão de diversificar os seus investimentos em renda fixa, renda variável, etc... Porém, o que realmente começa a acontecer é que quando eu menciono esta outra possibilidade de abordagem, mais focada na independência e auto-responsabilização pela sua seu próprio problema de saúde financeira e obviamente pela sua própria capacidade de sanar-lo, a pessoa logo no segundo ou terceiro encontro já muda de atitude e começa a me pedir que cada vez mais que a ensine tudo que sei sobre Finanças e Investimentos. Assim, logo a assessoria/consultoria começa a se transformar no que eu chamo de acompanhamento/mentoria individualizada independente.

3) Assim você quer somente nos ensinar sobre Finanças e Investimentos?

Exatamente. O Centro de Estudos Financeiros é uma instituição educacional, porém que acredita no ensino individualizado e construído junto com alguém (mentor) que já superou problemas de saúde financeira similares. Assim as idéias "casa de ferreiro o espeto é de pau" ou "faça o que eu digo e não faça o que eu faço", etc. não se aplicam nos atendimentos do Centro. Eu utilizo o que está sendo ensinado pelos principais pesquisadores sobre Macroeconomia, Engenharia Econômica, Análise Fundamentalista e Análise Gráfica da cotação de Ativos com uma grande eficácia há anos, assim que pensei em compartilhar com à pessoas interessadas tanto estas ciências em si, como os resultados das experimentações que venho sistematicamente fazendo desde 2008. Eu cansei de ficar sendo o chato empolgado falando em grupos que não queriam ouvir nada do tipo: "sabe que realmente a nossa mente atua contra a nossa vontade de acumular dinheiro"; "sabe que poupar é mais importante que investir no começo da sua jornada financeira"; "sabe que investir na bolsa de valores não é um bixo de 7 cabeças assim"; "sabe que os japoneses e os americanos de antigamente estão certos que a análise gráfica funciona, realmente há padrões nos mercados financeiros assim como há estações climáticas"; "sabe que estou reparando que toda época do ano há um rali nas ações de empresas cotadas na bolsa de valores", etc.

4) E quais ferramentas você utiliza e orienta os teus "alunos/clientes" a testar?

As ferramentas são bastante variadas, que vão deste mudanças na rotina diária tais como separar o dinheiro para investir logo que o salário seja pago, observação do valor das cotações de alguns ativos para tentar encontrar padrões e etc. Para cada pessoa um tipo de ferramenta será mais efetivo, porém o segredo para ter resultados relevantes está justamente no uso combinado de várias ferramentas e técnicas de análise de investimentos. Por isto, um acompanhamento de quem já testou muito e é um estudioso/cientista/pesquisador por natureza seja oportuno.

5) E qual é a sua formação acadêmica?

Eu tenho graduação e doutorado na Área de Engenharia pela USP e Unicamp, respectivamente, e pós-doutorados na Suíça e Espanha na área de Engenharia Econômica, tendo atuado como pesquisador desde 2004. Ademais invisto nos mercados imobiliário e financeiro desde 2008.

6) E de quanto tempo são os seus encontros? Valor? Pode ser on-line? E se o meu caso financeiro é sério? E se não tenho dinheiro para investir, mas gostaria de aprender a ser Trader?

O tempo de duração dos encontros costuma ser de aproximadamente 1 hora e meia e o valor sessão de R$ 200,00 (se comprar via pacote, o valor cai para R$ 150). Sim podemos conversar on-line. Eu utilizo nos encontros on-line WhatsApp ou Messenger juntamente com Google Hangouts/Meet para poder ver a pessoa, enquanto compartilho as minhas anotações na tela do computador. Se o seu caso financeiro é sério melhor ainda. Eu adoro desafios e ajudar pessoas a sair de entraves financeiros mais comuns como: tirar dinheiro da poupança pois não rende nada; vencer o medo de começar a investir em ações; quando comprar imóveis; comprar ou alugar uma casa, etc. estão me entediando um pouco. O que mais me está motivando recentemente é um caso de um homem que tem uma aversão enorme a enriquecer e de outro que costuma falir todo negócio que entra. Assim que para estes casos além das ciências exatas-probabilísticas que utilizo eu recorro a ajuda da ciência humana-comportamental Psicologia Ayurvédica. Se você deseja se tornar um Trader também posso te ajudar nesta sua jornada. Eu já treinei algumas pessoas com este objetivo sendo que alguns optaram por fazer Trades com Bitcoin e outras criptomoedas e outros de fazer Day-trade no mercado futuro ou em Opções na bolsa de valores.

7) Em quanto tempo de Mentoria Individual eu consigo me tornar um Investidor Profissional?

Pela experiência que venho tendo ao dar mentoria à diferentes perfis de pessoas tenho visto que em média após 3 sessões de 1 h e meia (R$ 150 cada sessão; R$ 450 por 3 sessões) a pessoa já sai com um nível intermediário de conhecimento (Por exemplo: já aprende Renda Fixa pré-fixada, Fundos Imobiliários e Imóveis). Ao realizar outras 3 sessões (R$ 450 por 3 sessões; totalizando R$ 900 por 6 sessões) daí o nível de conhecimento sobe para o nível avançado (Por exemplo: já aprende

Ações, Análise Fundamentalista, Análise Gráfica, etc.). E se a pessoa desejar atingir um nível análogo ao que definimos com idiomas: nível fluente em investimentos, daí ela poderia fazer mais 3 sessões (R$ 450 por 3 sessões; totalizando R$ 1.350 por 9 sessões) (Por exemplo: já aprende Mercado Futuro, Análise Gráfica Avançada, Criptomoedas, Day-trading, etc.). Assim que, eu comparo o preço de 4-5 mil reais que alguns educadores financeiros vem cobrando por cursos on-line ao pacote de 9 sessões no valor de R$ 1.350 em termos de quantidade de conteúdo, porém com as inúmeras vantagens além do preço mais reduzido: 1) eu não cobro pelo pacote e sim por sessão, daí que se vc somente desejar fazer 1 sessão ou 3 para aprender somente determinado tema, tudo bem; 2) a minha abordagem é totalmente individualizada diferente da maioria dos mentores que fazem sessão de mentoria em grupo, daí que eu tenho pessoas que fazem mentorias há mais de 1 ano, que vão marcando sessões, aplicando o conhecimento no mercado financeiro, ganhando dinheiro com ele e pagando as próximas sessões com este mesmo dinheiro ganho no mercado, fazendo um ciclo virtuoso de aprendizado-lucro-aprendizado-lucro.

Outros livros: Ayurvedic Financial Freedom: Insights From My Wealth Journey (Edição em Inglês)

Ayurvedic financial freedom is a book about how you can use the best of yourself to become financial free. In the opposite direction of most renowned get-rich-books and gurus, this book focus on knowing ourselves to take control of our financial life and search for freedom and inner peace. The self knowledge step is conducted using the ancient eastern systems of Ayurveda and Mindfulness to expose the illusions of the mind and to bring our mind-body back into balance. The knowledge of the 3 Ayurveda biotypes, Vata, Pitta and Kapha, is used to understand our own personality in order to expose our strength and weakness regarding money issues. The first step of the journey is embracing our personality and using the best of it to settle a financial freedom plan. To be aware of our emotions, impulses and needs in the present moment will keep us in the track. In addition, this book invites you to discover how exciting and amazing can be the road until arriving at the financial freedom point. As background, it is used my own financial freedom journey and experience, what resulted in many practical examples and funny stories. It is also exposed some concepts that I have researched about engineering economics during my Ph.D. and Postdoctoral studies. (https://www.amazon.com.br/Ayurvedic-Financial-Freedom-Insights-Journey-ebook/dp/B086PMHXYT)

OUTROS LIVROS: AÇÕES COM LUCIDEZ: A SAGA DE UM INVESTIDOR INICIANTE NA BOLSA DE VALORES

O livro "Ações com Lucidez" apresenta o detalhamento da saga de um Investidor iniciante na renda fixa (Tesouro Direto) e na renda variável (Ações da Bolsa de Valores e Fundos de Investimentos Imobiliários, FIIs). Em linguagem simples e acessível este livro foi formulado através da compilação de documentos publicados na página do facebook do Centro de Estudos Financeiros (www.facebook.com.br/centrodeestudosfinanceiros) durante o ano de 2019, utilizando dados reais de um cliente que eu vinha prestando sessões de mentoria financeira desde 2017. O referido cliente se enquadra em um perfil que possivelmente deva ser similar ao da grande maioria dos Brasileiros: estava preocupado com a fase de sua aposentadoria, reforma da previdência social, etc.; sabia algo sobre Imóveis e nada sobre investimentos no mercado financeiro. (https://www.amazon.com.br/dp/B08C8ZZFNC/ref=cm_sw_r_wa_awdo_t_1_wJNaFbKYRG0KM)

OUTROS LIVROS – INVESTIDOR-TRADER LÚCIDO: ACABANDO COM A POLARIZAÇÃO NO MUNDO DOS INVESTIMENTOS

O livro "Investidor-Trader Lúcido: Acabando com a Polarização no Mundo dos Investimentos" apresenta o detalhamento da minha dinâmica durante a tomada decisão na renda variável (Ações da Bolsa de Valores, Fundos de Investimentos Imobiliários, Criptomoedas e Mini-contratos Futuros) usando uma visão holística e nada usual, que utiliza tanto ferramentas que os Investidores usam: Análise Fundamentalista, assim como as que os Traders comumente fazem uso: Análise Gráfica. Em linguagem simples e acessível este livro foi formulado através da compilação de 7 documentos publicados mês a mês (de junho a dezembro) na página do facebook do Centro de Estudos Financeiros durante o ano de 2020, utilizando dados reais de meus investimentos/operações pessoais e/ou de mentorados que dou mentoria financeira. Após 3 operações com mini-contratos de dólar e 4 investimentos/operações com ações utilizando a "Metodologia Zen" que faz uso da Análise Gráfica usando Candles semanais, o que possibilita acompanhar o mercado somente 1 h por semana às sextas-feiras durante o período da tarde, foi-se obtido uma rentabilidade no período (7 meses) de 37,24 %, o que representa uma rentabilidade anualizada de 63,84 % (se somente considerarmos os ganhos com ações, sem considerar os ganhos com mercado futuro obteve-se uma rentabilidade de 43,15 % ao ano; próximo da média obtida ano a ano desde 2013)(https://www.amazon.com.br/dp/B08RCGYPV7?ref_=cm_sw_r_kb_dp_xyD7Fb1FW2ZBQ&tag=kp014-20&linkCode=kpe).

SÉRIE DE LIVROS NA AMAZON– INVESTIMENTOS COM LUCIDEZ

Todos os livros acima fazem parta da série de livros: Investimentos com Lucidez. Ainda serão lançados brevemente os livros: Imóveis com Lucidez e Renda Fixa com Lucidez que farão parte desta série, bem como possivelmente outros relacionados à temática finanças e investimentos, assim que para acompanhar o lançamento dos próximos livros acesse o link: https://www.amazon.com/-/pt/gp/product/B08NGPLYNM?ref_=dbs_dp_rwt_sb_tkin&binding=kindle_edition.

A série Investimentos com Lucidez é uma série que contém livros que abordam tanto os temas finanças pessoais e investimentos [Renda Fixa, Tesouro Direto, Ações, Dólar, Fundos Imobiliários, Imóveis, Investimentos Responsáveis (ESG): investimentos sustentáveis e socialmente responsáveis, Criptomoedas, etc.] quanto autoconhecimento e surge de um projeto pessoal que brotou na reta final de minha jornada de liberdade/independência financeira. Iniciado em 2008 a minha jornada financeira foi se entrelaçando durante os anos com a minha jornada de autoconhecimento e culminou no primeiro livro da série: Ayurvedic

Financial Freedom: Insights From My Wealth Journey (2020), que posteriormente foi traduzido para o Português recebendo o título: Liberdade Financeira Ayurvédica: Insights de Minha Jornada. Este é um livro sobre como você pode usar o melhor de si mesmo para se tornar financeiramente independente. Na direção oposta da maioria dos renomados livros e gurus do enriquecimento, este livro se concentra em saber que devemos assumir o controle de nossa vida financeira e buscar liberdade e paz interior. A etapa de autoconhecimento é conduzida usando os tradicionais sistemas orientais Ayurveda e Mindfulness para expor as ilusões da mente e trazer nosso corpo-mente de volta ao equilíbrio. O conhecimento dos 3 biotipos do Ayurveda, Vata, Pitta e Kapha, é usado para compreender nossa própria personalidade, a fim de expor nossas forças e fraquezas em relação à questões financeiras. Assim que o primeiro passo da jornada é abraçar nossa personalidade e usar o melhor dela para definir um plano de liberdade financeira, estando ciente de nossas emoções, impulsos e necessidades no momento presente para nos manter com as rédeas na mão.

www.ingramcontent.com/pod-product-compliance
Lightning Source LLC
Chambersburg PA
CBHW081432220526
45466CB00008B/2363